AF160293

Du bist verrückt mein Kind, du musst nach Berlin.

Franz von Suppé

Stadt schlägt Sinn in Dir

Pulsgeworden

Stephanie Mattner & Jennifer Hilgert (Hrsg.)

Bibliografische Information der Deutschen Nationalbibliothek:
Die Deutsche Nationalbibliothek verzeichnet diese Publikation in der Deutschen Nationalbibliografie; detaillierte bibliografische Daten sind im Internet über http://dnb.d-nb.de abrufbar.

Impressum

Copyright © 2016

herausgegeben von
Sternen Blick
www.sternenblick.org
kontakt@sternenblick.org

Herausgeberinnen:
Stephanie Mattner & Jennifer Hilgert

Covergrafiken & Grafiken S. : 11, 49, 68, 91 & 135
© Christoph Kadur (Fotolia.com)
Covergestaltung & Buchlayout: Stephanie Mattner
Fotos S. 20, 45 & 129 © Gabriela Rosa da Silva
www.gabrielarosa-photopoetry.com
Fotos S. 37, 60, 113 & 127 © pixabay.com

Korrektorat: Lisa K. Bechter

Herstellung und Verlag:
BoD - Books on Demand, Norderstedt

ISBN: 978-3-7412-5595-3

Danke

Wir danken allen Autoren, die sich an dem
Entstehen dieser einmaligen
Anthologie beteiligt haben.
Danke an Lisa Katharina Bechter für ihre
schnelle Unterstützung bei der Textkorrektur
und ebenfalls einen besonderen Dank an
die Künstlerin Gabriela Rosa da Silva
für die zur Verfügung gestellten Fotos,
die diesem SternenBlick-Sonderband
eine markante Kontur verleihen.

Kein Vorwort

Jennifer Hilgert

Eine Stadt braucht kein Vorwort. Höchstens eine Vorstadt. Wenn überhaupt.
Und Berlin? Berlin braucht "Dich", "Uns" und "Tegel".
Das sind zumindest die ersten Hits, auf die man trifft, wenn man nach den Bedürfnissen dieser Metropole googelt. Aber eine Einleitung oder Erklärung braucht sie sicher nicht.

Und dass eine Stadt nicht sprechen, in ihr aber ein gewaltiges und eigensinniges Herz schlagen kann, das Münder umso lauter werden lässt, Bleistifte spitzt, Tastaturen qualmen und Scheren zum Schwingen bringt, wird spätestens klar, wenn man von den schwarzweißbunten Gesichtern dieses bevölkerungsreichen und flächengrößten Zentrum Deutschlands, in dieser Anthologie liest.

"Puls der Stadt, schlägt in Dir" war der Aufruf der Literaturausschreibung des SternenBlick-Projekts, das in Berlin beheimatet ist und unter dem Titel "Pulsgeworden" Anfang des Jahres 2016 zum gleichnamigen Sonderband aufrief.

Fast 200 Beiträge wurden eingereicht, um den Puls dieser besonderen Stadt, der in den Teilnehmern selbst und in allem schlägt, zu huldigen.

"Berlin uff'm Punkt" könnte dieses Experiment lauten und dabei darf nicht vergessen werden, dass auch die Abgründe Berlins Erwähnung finden. Ein Berlin das lebt wie es will, weil es lebt wie es will und zeigt was es besitzt oder verloren hat. Davon erzählen nun rund 70 Texte, die ihren Weg ins Innere dieses pochenden Werks gefunden.

Pulsgewordene Lyrik und Kurzprosa in ihrer skurrilen Form, ihrem umsetzungsfreudigen Lokalkolorit und ihren stadtteilgetriebenen Schwerpunkten - das ist Berlin wie es sich schillernd in dieser liebevoll zusammengetragenen Anthologie zeigt.

Neben Alex, Fernsehturm und Tauben, Politik, Kreuzberg und Kuriositäten, Schnauze, Charme und Mucke ist zumindest schon mal nach poetischer und lyrischer Auffassung und Umsetzung klar, was diese Stadt hat: Szene und Stil. Klasse. Puls und Dynamik. Vergangenheit und Zukunft im Hier und Jetzt. Und im Morgen. In der Abenddämmerung und im Morgengrauen. In seiner Tageszeit und seinem Zeitgeist.

Doch auch das ist nur ein kleiner Versuch einer buntgepfefferten Mischung dieser stadtgeballten Wuchtgewalt. Eines eint aber alle: Jedem ist Berlin ein „Mein":

„Berlin ist mein Wunderland,
mein Narniakleiderschrank,
völlig unperfekt authentisch,
irgendwo zwischen realitätsnah und fantastisch

Berlin ist:
ein Rebell in Aufbruchsstimmung;
der verrückte Liebhaber,
von dem man sich nicht trennen kann;
die aufmüpfige Prinzessin
aus vergangenen Zeiten,
die sich in der Gegenwart
als Retrokönigin
durch die Straßen schlängelt.

Berlin, das ist
exotisches Treiben
und
Regionalpatriotismus vom Feinsten,
bestimmt durch so viele Kleinigkeiten,
die selbstverständlich scheinen:

Nostalgiemagie am Hackeschen Markt –
zwischen Vintageboutiquen,
literarischen Antiquitäten
und Straßenbahnschienen;

Philosophenkreativitätsaustausch beim Ackerslam –
was bewegt uns, definiert uns,
waren wir, wird aus uns?

Sommernachtluftschnuppern am Reichstagsufer –
wenn das Hier und Jetzt
viel bedeutender erscheint
als die Vergangenheit,
wir unsere Zukunft in den Sternen,
in uns selbst
und in einander lesen können;

Wissensschatzerweiterung auf der Museumsinsel –
nicht zum Beeindrucken,
sondern zum Sich-weiter-bilden
(Wissen macht sexy);

Naturelle Entspannung im großen Tiergarten
– mitten in der Stadt –
zum Stress-vergessen,
Luftholen,
Sich-an-sich-selbst-erinnern.

Berlin, du bist
manchmal eiskalt,
oft gleichgültig,
aber du trägst nicht die Schuld
für das Verhalten deiner Bewohner

Berlin,
du bist herrlich wunderbar,
meine orchestrale Hymne,
die ich immer in meinem Herzen trag',
auch wenn ich irgendwann nicht mehr in deinen Häusern schlaf' –
dein Puls:
ich hör' ihn in jeder Stadt"

(Diana Parsons)

Berlin eine Stadt, die wie alle anderen dieser Welt, nichts für ihre Menschenbeine kann. Aber für eines kann sie ganz sicher etwas: Für diese rasendlebendige und vielseitige Anthologie.

NACHT - SCHATTEN - NEONLICHT

Ein Abschiedsbrief

K. Zeyt

Hallo Berlin, ich hasse dich.
Seit 25 Jahren wohne ich nun bei dir und endlich bin ich bereit, dich zu verlassen. Das wird keine Pause, machen wir uns nichts vor. Es bringt nichts, das Ganze künstlich verlängern zu wollen. Es ist aus.
Wie jede Beziehung fing auch unsere schön an. In Latzhosen und mit einem großen, roten Lolli lief ich im Frühling durch die Straßen. Viel zu jung um zu sehen, wie schmutzig sie waren, viel zu jung um zu begreifen, wie sehr mir das Hupen der Autos und der Stress, dem du mich ausgesetzt hast, störte.
Ich wuchs auf mit einem Stolz in der Brust. Einem Stolz, der wie ich glaubte, angeboren war. Ich war ein Berliner. Was das hieß, das wussten nur wir. New York, München, London... Alles schöne Städte. Alle schön, aber nicht wie du.
So empfand ich damals und konnte es kaum erwarten, mich in all die Abenteuer zu stürzen, die du mir versprochen hattest.
Die Nacht wurde zum Tag und der Tag wurde zur Ausnüchterungszelle. Ich erinnere mich an Nächte, die wir gemeinsam verbracht haben. Großartige Nächte, die den Schlussstrich, den ich nun ziehen werde, nur verzögert haben.
Vor vier Jahren war es, glaube ich, da zog ich mit meinem besten Kumpel Max von Bar zu Bar. Ich selbst hielt mich zurück, weil am nächsten Morgen meine Führerscheinprüfung stattfinden sollte, aber dank Max, der in dieser Zeit Pfefferminzschnaps wie Wasser trank, waren wir um kurz nach zwei aus einer Kneipe geschmissen worden, und so liefen wir nun Arm in Arm, Anfeuerungslieder unseres Lieblingsfußballvereins grölend, die Schönhauser Allee entlang. In einen Club würden wir es nicht mehr schaffen, und so

liefen wir zu unserem Lieblingstreffpunkt, über einen Hinterhof, in die hintere Häuserreihe, dann über die Treppe in das Dachgeschoss und schließlich, über eine wacklige Leiter (ich musste Max von unten stützen), auf das Dach eines Hauses.
Ich packte meinen besten Freund an den Schultern, aus Angst, er würde ansonsten in die Tiefe stürzen, und stellte die beiden Klappstühle auf, die wir an einem anderen Abend einmal hier hochgebracht hatten. An solchen Abenden saßen wir dann meistens zusammen, mal wild diskutierend, mal schweigend, bis die dunklen Dächer nach und nach in ein zartes Orange getaucht wurden.
Die Aussicht war atemberaubend und von hier oben schien alles so viel klarer, als wenn man auf deinen Straßen entlang lief und an den hohen Gebäuden empor schaute.
Wenn ich daran denke, könnte ich fast vergessen, dass schon damals in meinem Innern ein Kampf wütete, denn ablenken, das kannst du gut.
Ich verstehe selbst nicht, dass so etwas wie ein Germanistikstudium nötig war, um mir die Augen zu öffnen.
Vor Studienbeginn bestand mein Freundeskreis zu 100 % aus Berlinern, und nach meinem Studienbeginn…ebenfalls. Meine Freunde hatten afrikanische Eltern, stammten aus einer griechischen Familie, hatten eine Freundin, dessen Familie aus dem Iran eingewandert war, aber sie selbst waren alle in Berlin geboren und aufgewachsen.
Als ich nun mein Studium aufnahm, da fühlte ich mich bedrängt von all den Studenten, die aus den unbekanntesten Ecken Deutschlands kamen. Sie waren so voller Tatendrang, so ganz aufgeregt, so gar nicht entspannt.
Ich erkenne dich nicht wieder.
Sie machten dich zu etwas, was du gar nicht bist. Sie steckten mich plötzlich an mit ihrem Eifer. Musste schneller sein im Studium, besser sein… und so vergaß ich die Abende mit Max zu genießen.

Wir tranken zwar weiterhin auf unserem Dach Sterni, aber ich ertappte mich immer wieder dabei, wie ich, in Gedanken, bei der Klausur war, die am nächsten Tag stattfinden sollte.
Erwischte mich immer öfter dabei, wie ich laut fluchte, wenn ich über eine Bierflasche stolperte, die jemand hatte liegen lassen.
Ich liebe es, dass du so vielseitig bist, immer wieder zeigst du mir neue Dinge, bringst mir neue Sprachen bei, gehen mal türkisch, mal spanisch und mal indisch essen.
Aber ich brauche Ruhe. Möchte mich selbst wieder denken hören. Brauche das Gefühl, Zeit zu haben. Vielleicht auf einem Dorf, irgendwo in Niedersachsen, oder vielleicht auch in Bayern.
Kann sein es liegt gar nicht an dir. Vielleicht liegt es an meiner Generation. Müssen schneller, besser, effektiver sein.
Drehe den Ton meines MP3Players lauter. Paul Kalkbrenners Musik im Ohr lässt mich an die alten Zeiten denken, lässt mich hoffen.
Blicke über den Wannsee hinweg, Die Sonne geht gerade auf. Überlege, ob ich mir eine Falafel oder Sushi zum Frühstück kaufe. Mein Telefon vibriert, Max. Er war noch in einer Bar und möchte sich auf unserem Dach treffen.
Bringe es einfach nicht übers Herz, ich kann es einfach nicht tun. Kann dich nicht verlassen. Vielleicht für einen Urlaub, aber dann nehme ich dich trotzdem mit.
Berlin, ich liebe dich.

RIP Kater Holzig

Sassia Fanny Held

Buntes Treiben, *strange* Leute
Party ist immer, auch heute
Chaosk, Kerzen, Katermate
Mukke passt in keine Sparte

Rastas, Hipster, Turipack
Teenis, Druffis, alter Sack
Kicker, Hüpfburg, Lagerfeuer
weißer Rauch und Zaubersteuer

Hüte, Fliegen, Hosenträger
bunte Platten, Tonbandträger
Deckenspiegel, S-Bahnrauschen
Freiraum, Spree und Komasaufen

Blumen, Beat, Tische aus Bäumen
buntes Licht und Raum zum Träumen
Sterne, Weitblick, Dachterrassen
Maler, die *Tags* hinterlassen

Leitern, Schaukeln, kleine Türen
Wege, die ins *Nowhere* führen
Diskokugellampenschirm
Bilder, die den Geist verwirr'n

Neon, Laser, Schwarzlicht, Bass
Wannabe's und Wonderbras
Fremde Leute, fremde Sprachen
Hänger, die auf Sofas schlafen

Handy weg, sich selbst verloren
Nacht durchtanzt, wiedergeboren
Morgentau und Sonnenschein
ich bin müde, ich hau rein

Nachtfalter

Christian Stielow

In Pfützen spiegelt
Sich bunte Leuchtreklame
Der Regen lässt nach

In kurzen Röcken
Steh'n frierend die Nutten rum
Ein kalter Wind weht

Hungrig auf Fast Food
Geruch von ranzigem Fett
Scheinwerfer blenden

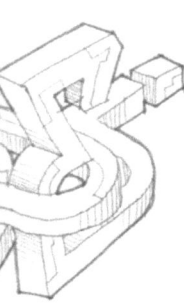

genug

Oliver Bauer

Durch die Nacht jagen meine Schritte,
stirngekühlt – Gedanken würfelnd,
Himmelspuzzle ohne Vorlage und Rand.
Finden Ziel, das nicht Weg war
und
stehen plus warten –
ergibt Straßenbahn.

Mit mir Vögel im Neon,
auf der Flucht ins Dunkel.
Alles vergessend egal wo,
das Morgen schimmert,
oh Glück,
noch nicht am Horizont.
Aussteigen plus hundert Meter
ergibt –
DA.

Schließen plus schließen –
ergibt zu Hause.
Selbst in Sicherheit,
kleines Lächeln,
entkleidet sich.
Müde sink ich in den Schlaf,
satt gefressen von der Welt.

Rückkehr aus Arkadien
Aristide Tervaban

Mein Liebster! Was könnte das Heimkommen sanfter gestalten? Überhaupt: Was heißt „Heim"-kommen? Jenes Eintreffen in der selbstgezimmerten Fremde, die du mit Insignien irgendeines allgemeinen Geschmackes ausstaffiertest und mit den wenigen Habseligkeiten fülltest, die dir deine leibliche Existenz beweisen sollen! Dabei zeugen sie doch, deutlicher als jeder Versuch, Vergangenheit abzustreifen, von der Absurdität, Bleibendes zu schaffen, und wie in einem Wachsfigurenkabinett bist einzig *du* es, der ihnen ihr kurzes, atemloses Leben einhaucht – wie eine tönerne Familie aus Gartenzwergen: Alle Rotmützen verfolgen emsig einen beliebigen Zweck – dein Schreibtisch sagt dir, er erwarte dich zurück mit Ungeduld, die Küchengabeln scharren schon ganz aufgeregt mit ihren Zinken im Regal, und deine Lieblingsbücher sehnen sich danach, dass du ihnen, den Fleddrigen, Vergilbten, ihren Staub vom alten Rücken kehrst.

Das könntest du dann Heimat nennen, oder zumindest Vertrautheit – wäre da nicht jene halbleere Weinflasche, die von der letzten, einsamen Nacht vorm Aufbruch zeugte, sähest du nicht die Asche nie zu Ende gerauchter Zigaretten, die dir zuruft: „Und wieder eine Flucht gescheitert!"

Nach der letzten Nacht im K 17

Gilbert von Luck

Bleigraues Dämmern des Morgens am Himmel
Spannend über die Stadt

(Über Dächer spitzen Pappeln grün)

Das Weichbild verzerrt sich
Verschwimmend himmelsteingrau

Leise sein
Jan Russezki

leise sein,
bei knarrenden dielen
unter dem fuß den tag von der haut –
die nacht von den zehen putzen

ich habe eine katze im wäschekorb
gefunden
ihr blick war leer und krank
und ein handtuch ist nass und kalt
über ihren kahlen kopf gehangen

dann am morgen gibt es
gegen kopf und kater
nur trotz und vaters zuversicht

Aus der Bunten

Emmillie Czizikowski

Neoliberale, geschlechtslose Wesen einer Nation ohne Grenzen –
die Stadt ist euer Diener!

„Woanders gibt's ne Sperrstunde, bei uns die Müllabfuhr."
Vor deiner Tür (türkis zerfetzt) ein
Dudelsack mit dürren Worten erzählt er,
was dich längst nicht mehr schockt.
Draußen fluoresziert die Nacht
und Schatten gibt es wohl überall (außer auf der Sonne).
Die Preisliste platzt,
katapultiert sich selbst ins nächstgelegene Acapulco.
Hier steppt der Bär im Wolfspelz
verkleidet als Ost-West-Sommersonnenwendekonflikt
Aber
wie gesagt, die Stadt ist euer milder Sklave
im Schlafanzug mit Knopfleiste!
Wenn ihr so wollt.
Morgens: Elmex Gelée,
Abends ohne bla bla den Morgen loslassen;
Ins Vergessen gerät nur
das Vergessen selbst.
Berlin: So küsst der nette Killer.
Einbürgerung, Trennung, Karriere, Hochzeit, Nachwuchs.
Berlin: was für ein Salon!
Zur Krawattenfabrik geht's rechts links geradeaus, kein Zickzack
Aber
Gesichtsglitzer gibt's gratis.
Mich oben auf beim Kastenkauf (Berliner!)
Für ne Butterstulle

und meine armen aber sexy Arme
musst du nicht zahlen
alles andere wäre Mundraub.
Derart exklusiv! (im Carloft lässt sich perfekt Suizid begehen).
Der Teebeutel mit Gesicht sitzt
im Park, die Sonne ham wa ausgeladen und
niemand entschuldigt sich ernsthaft dafür.
Trinkgeld sonst schnauze!
Etwas Stärkeres vielleicht?
Pferdefleisch jetzt auch im Döner
zum mitnehmen versteht sich.

S:tadtpuls

Eli A. Solaris

nachtgarten der
häuserketten
   fensteraugen

hüllt alle
meine lieder
ein in
pulsierende
   zeit

die   der
schale
entfließt
meiner stadt

Die verlorenen Farben
Nadine Bouton

Sie ließ sich treiben, schwamm durch die graue Stadt; Blätterfetzen hingen zwischen Zäunen, Bretter vor Fensterhöhlen, Wind fegte die Straßen. Sie spürte das Buch in ihrer Tasche, überlegte, ob sie es schon im Gehen weiterlesen sollte. Es war ihr Stadtviertel, sie war vertraut mit jedem Stein, mit den Punks, die mal wieder eines der Häuser besetzten, Ruinen, übersät mit Graffiti; Hunde liefen bellend hinter dem Zaun, jemand lachte, laut – glockenklar wie ein Käuzchen.
Sie horchte auf. Als sie noch jünger gewesen war, hatte sie manchen Abend den Ruf von Käuzchen gehört, zwischen dem Rauschen von Bäumen, abgeernteten Feldern; wie Fabelwesen, mal fern, manchmal nah, aber immer vertraut. In dieser Stadt waren die Käuzchen stumm.

Es begann zu regnen, der asphaltgraue Beton dampfte Wärme aus. Krumme Platten, zwischen denen trotziges Grün wucherte; Regen peitschte Blüten von den Bäumen, wie Purpurschnecken zermatschten sie auf dem Gehweg. Die Luft wurde klebriger, kroch ihr in die Ärmel, sie begann zu schwitzen, zog den Mantel aus. Nur noch zwei Straßenecken.
An der Jugendherberge ergoss sich eine Gruppe Kinder aus einem der Reisebusse auf den Bürgersteig; neugierige Blicke in die Großstadt, erwartungsfroh vor dem, was passieren sollte. Die Fußgängerampel zeigte Rot, sie betrachtete die Blüten an ihren Schuhen. Sekunden später sprang die Ampel um.
Das ‚Melancholie 1' lag versteckt zwischen einer Werbeagentur und einem Wohnhaus. In Indigobuchstaben versprach das Reklameschild ein „Café" – aber Café war der falsche Name für diesen Ort. Café bedeutete Lebenskultur mit Kaffeeschüsseln, stilechten Kellnern, Jazz und duftendem Kuchen. Das ‚M1' war nichts von alledem, jemand hatte Folie um die Fensterfront geklebt, vielleicht war es früher einmal ein Imbiss

gewesen, stets die gleichen schiefen Plastiktische, das Linoleum wie Sumpfkalk.
Die Türglocke klingelte bei ihrem Eintreten, hinter dem Tresen blickte Markus hoch, die Arme vorm Oberkörper verschränkt nickte er ihr zu; sah dann wieder auf den unter der Decke hängenden Fernseher, der ohne Ton lief, die stumme Übertragung eines Fußballspiels; sie ging mit einem leisen „Hallo" zu ihrem Tisch.
Wie lange kam sie jetzt hierher - seit vier Jahren? Nie hatte sie jemand anderen hinter der Theke stehen sehen als Markus. Nein, das stimmte nicht. Einmal hatte er sich ein Bein gebrochen, da war eine junge Frau eingesprungen, die mit allerlei Ideen den Laden umkrempeln wollte – die Tische umgestellt, den Fernseher aus- und laute Musik angestellt hatte; Menükarten, handgeschrieben in kobaltblauer Tinte. Die Tische waren längst wieder an ihren richtigen Platz gerückt, die Karten verschwunden. Schade eigentlich, sie hatte gerne drin geblättert, die schön geschwungenen e's und r's angesehen. Sie nahm ihr Buch aus der Manteltasche und begann zu lesen.
Markus trat an ihren Tisch, stellte eine Schüssel Kaffee vor sie. „Und, alles okay?"
„Ja, danke."
Er nickte, blickte auf das aufgeschlagene Buch. „Immer noch dabei? Rausgefunden, welche Farbe Kaffee hat? Sepia?"
„Nein, bis jetzt noch nicht. Ich tippe eher auf geröstetes Umbra." Sepiafarben waren seine Augen. Sie schmunzelte, blickte auf das Buch. „Und deinen Kaffee gibt es hoffentlich noch etwas länger als das Umbra."
Sie wusste nicht, ob Markus der Besitzer des ‚M1' war. Vielleicht war er auch nur ein übrig gebliebener Lebenskünstler, voller Illusionen ebenfalls in dieser Stadt hängen geblieben, und der nun jeden Tag hinter seinem Tresen stand, auf den Fernseher sah und ihr Milchkaffee brachte. Manchmal erwischte sie sich dabei, wie sie ihn beobachtete, sich fragte, ob es wohl die gleichen Träume waren, die sie beide hier vergraben hatten. Lächelnd drehte er sich wieder um.
„Sag Bescheid, wenn du es weißt."

„Wenn noch mal so ..." unverständliches Gebrabbel kam von Tresen. Die Schorlen-Oma. Der dritte Gast in diesem Alltagsstück. Strähnen schlängelten sich aus ihrem Dutt, ihre Haut wirkte wie die Ränder eines Buches, verblichenes Bleigelb. Während der ersten Abende im ‚M1' hatte sie sich noch Mühe gegeben, die Wortfetzen der Alten zu verstehen. Aber die Frau redete nicht mit ihr, sondern mit dem Fernseher, mit Markus, mit den Tischen und Stühlen und allem um sie herum. Manchmal saß sie nur stumm an ihrem Tisch, trank eine Weißwein-Schorle nach der anderen, bis ihr Kopf auf die Tischplatte sank. Dann war es Zeit, dass Markus sie nach Hause brachte. Manchmal blickte sie auch auf den Fernseher, geriet darüber so in Rage, dass sie kaum zu beruhigen war, Weißwein spritze über ihren Tisch, auf ihre Kleidung, bis sie erschöpft auf ihrem Stuhl zusammensank. Auch dann brachte Markus die Alte nach Hause. Vermutlich wohnte die Schorlen-Oma in einem der Nachbarhäuser, vielleicht war sie mit Markus verwandt. Wenn beide den Kopf schräg hielten und auf den Fernseher starrten, hatten sie Ähnlichkeit miteinander. Der Schaum auf ihrem Kaffee war zusammengefallen, sie löffelte die kalten Reste herunter.
„Ich bring sie eben weg." Markus stützte die Alte am Arm und ging mit ihr zur Tür. Es dauerte einige Minuten, und er kam kopfschüttelnd wieder herein.
„Das wird immer schlimmer", sagte sie, von ihrem Buch hochguckend. Zustimmend brummte er. „Möchtest du noch einen?" Er deutete auf ihre leere Tasse.
„Morgen wieder. Ich gehe jetzt auch." Sie legte das Geld auf den Tisch, zog den Mantel über und verstaute das Buch in der Tasche. „Bis morgen."
Mit einem Klingeln schloss sich die Tür des Cafés hinter ihr.

Aus dem Eingang der U-Bahn-Station wehte öliger Wind. Es roch nach Verlassenheit, nach feuchtem Stein. Auf dem Bahnsteig standen nur wenige Menschen, aus der Ferne das Rattern der Zugräder. Lesend saß sie auf einer der krapproten Bänke, wartete auf ihre Linie. Jemand setzte sich neben sie, sie rutschte etwas ab. Als die U-Bahn einfuhr, klemmte sie einen

Finger als Lesezeichen zwischen die Seiten, suchte sich einen freien Platz. Jemand setzte sich ihr gegenüber.
Irritiert blickte sie hoch. Klein, etwas untersetzt, Dreitagebart, Alter? – schwer zu schätzen, vielleicht Anfang Vierzig? – graue Schläfen, sah nett aus. Sie las weiter.
„Die verlorenen Farben. Kenn ich." Seine Stimme, doch, älter; sein Lächeln ehrlich. Ein schöner Mund. „Ein gutes Buch."
„Ja."
Er zeigte auf das Titelbild. „Sehr spannend zu lesen, Farben, die die Welt vergessen hat. Bleiweiß, Malachit, Marienglas." Er hatte das Buch offenbar wirklich gelesen. „Und gut geschrieben noch dazu."
„Sehr sogar. Aber nicht das Ende verraten."
Er schmunzelte. „Es ist aber lustig, was mit dem Bleiweiß passiert. Das Weiß findet nämlich ein Grün und dann entsteht ... – aber gut. Ich verrat' es nicht." Vergnügen schlug Wellen im Wasserblau seiner Augen. Sie ließ das Buch auf den Schoß sinken und betrachte ihn nachdenklich.

Das Hotelzimmer war fremd, der Teppich marmoriertes Grabsteingrau, das Bettzeug staubweiß, gedämpfte Geräusche von der Straße.
„Wir sollten das nicht tun."
„Nein, vermutlich nicht. Sollen wir es lassen?"
Sie schüttelte den Kopf, schlang ihre Arme ihn. „Küss mich."
Ihr Mantel raschelte zu Boden. Hoffentlich war das Buch nicht aus der Tasche gerutscht.
Seine Hände auf ihrem Körper, ihre Küsse auf seinem Hals. Seine Küsse auf ihrem Hals, ihre Hände auf seinem Körper. Sie vergingen aneinander; Arme, Beine verschlungen, die Hüften zusammengepresst.
Erschöpft lag sie neben ihm, das Laken kalt auf ihrer Haut. Sie sah ihn aufmerksam an, die Falten um seine Augen, und suchte im Wasserblau nach einer Antwort, auf eine Frage, die sie selbst nicht kannte. Müde rollte sie sich in seinen Armen zusammen, sie fror. Der Himmel dämmerte vor dem Fenster in die Nacht hinein. So muss Marienglas ausgesehen haben.
„Magst du vielleicht noch mit mir Kaffeetrinken gehen?" seine

Stimme zögernd.
„Nein, ich denke nicht. Es tut mir Leid. Ich würde ja gerne, aber ich habe noch eine Verabredung." Sie sah ihn nicht an, blickte an ihm vorbei aus dem Fenster, spürte, wie sein Blick ihren suchte. „Sei mir nicht böse, ja?"
„Schade. Gut. Vielleicht dann ein anderes Mal."
Stumm blieben sie liegen, Haut auf Stoff auf Haut. Das Marienglas schlug in Nachtblau um.
„Ich muss los." Sie stand auf und zog sich an.
Seine Stimme aus der Dämmerung: „Sag mir deinen Namen. Bitte."
Sie zog den Mantel über. Ohne sich umzudrehen, sagte sie: „Smalte."
Die Tür fiel leise hinter ihr ins Schloss. Draußen auf der Straße tastete sie nach dem Buch in ihrer Tasche, nahm es heraus und begann zu lesen. In der Ferne das Strass silberne Lachen eines Mädchens. Kein Käuzchen.

Berliner Sonett der Liebe

Robin Uphoff

Seine Liebe blüht gleich Ephemeren
unter schwerem Regen in den leeren
Bildern durchgewachter Nächte bis
der Morgen ihn in Wehmut schweigen lässt.

Ihre zarte Seele lehnt noch immer
an der kalten Schulter die vereist
in dem weiß möblierten Altbauzimmer
ihren Tränen eine Richtung weist;

Ein kurzer Augenblick im Klanggewitter:
Zwischen Brettern schmeckt es wohlig bitter –
dann sieht er flüchtig eine Blume blühen,

sieht zitternd wieder eine dieser frühen
Falten ihrer Stirn entschwinden und
schmeckt Tränen, Minze, Rauch in ihrem Mund.

Nichts als Bewegung

Marina Büttner

Nichts als Bewegung
in einer großen Stadt
tauchen Menschen ab.
Sie haben das große U-Bahn-
los gezogen.
Nichts als Bewegung
unten wie oben.

In dieser großen Stadt
steigt einer auf sein Rad
und fährt von hier nach dort.
Wege und Schienen winden
sich durch die Straßen
verbinden
Mensch und Zukunftsort.

Nichts als Bewegung
in einer großen Stadt
fällt einer gar nicht auf
der Barfußläufer
der Flaschensammler
der Motzverkäufer.

Nichts als Bewegung
selten wahre Begegnung
in dieser großen Stadt.

Die Stadt – Millionenfaches Licht

Jürgen-Peter Olbrichtsen

Millionenfaches Licht verbrennt,
am Tagesende, scheint es hell,
die Stadt, sie steht nicht, nein sie rennt
im Neonlicht so bunt und grell,

verbrennt sie Seelen ohne Gnade,
nimmt mehr als sie wirklich gibt,
bei Morgengrauen wirkt sie fade,
im Rinnstein kranke Hoffnung liegt.

Sie wartet auf den neuen Tag,
vergeblich – ändert sich das Bild,
und wenn ich nach den Menschen frag,
sehe ich nur Masse – wild

rennt sie, träge und verloren,
ein Hauch von Liebe eilt vorbei.
Es fehlt die Wärme, scheint erfroren,
hier lebt ein Mensch – im Einerlei...

Schwarz'ne Sterne

Andreas von Radetzky

Tief unten in Berlin-Südost. Wir gingen angeln an die Spree: Is aba noch zu heiß für's Angeln. Die Flossenträjer dös'n noch. – Meene Flossen ehrlich jesacht ooch. – Weeßt'e wat, Manne? Wir stochan in't Wassa, als ob wa wat Arschologischet woll'n find'n. Bevor wa uns're Lein'n auswerf'n, erzähl' ick dir mal'ne neue Jeschichte. Vonn'a Party, wo ick letz'ens jeangelt habe. – Wart' mal, da is' wat. Ick fisch' mal de olle Flasche da raus. Det Zeuch muss ja nich' imma vobeischwimm'n und wech. ... ... Da is'se! Ey, kiek mal, 'ne Champagnabuddel. – Nobel jeht'e Welt zujrunde. – Dit jibt Glück! – Nu pass uff, jenau mit det perl'nde Zeuch hatt'et zu tun ooch. – Na denn mal tau, Hanne! Trag vor! Platz hier, Maxe! – Wau, wau, wau.

Wie de weeßt, fließt ja der neue Berlina Flughafen bei Schönefeld janz jemählich seener Vollendung entjej'n. Uff den endjült'jen Absturz hoff'n wa hier unt'n alle. Deshalb feier'n wa alle Jubeljahre een jroßes Fest, wenn'a wiedamal nich eröffnet wurde. Neulich war't mal wieda so weit.

    Det saj'ick dir: Für die Nachban, alle inn'a DDR oder als Pimpfe, HJ-Jung'n und BDM-Mädchen uffjewachs'n, wurde aus dem Rechtswundastaat BRD ein Rechtsterrorstaat. Frag'se späta bei 90 Dezibeln im Jart'n. Wer'n dir die schmerz- und wutverzerrt'n Jesichta Antwort jenuch sein.

    Jed'nfalls ham'wa or'n'lich een druffjemacht. Ick trank mit all meen'n Nachbarn Waldmeestabowle und Rexpils im Jart'n von Wolle, kennst'n ja. War bei dei'm Einstand im Rudaklub Grünau mit. Also sang'wa:
Trinken, det soll man nich lassen nich,
Dat Trink'n rejiert doch de Welt,
Man soll ooch dem Menschen nich hassen,
Da'a stets eene Laje bestellt.

Bier oda Wein, Schampus oda Schnaps,
Wir brauch'n beim Trinken jar nich prahlen,
trink'n uns satt mit Perle von Hopfen,
Wir lass'n den Fluchhaf'n dich bezahlen.
|: Trink, trink, Fliegerlein trink,
Laß doch de Sorjen zu Haus!
Meide den Kummer und meide den Schmerz,
Dann is' det Leben ein Scherz! :|

Großmäulig nahm'wa den Kampf jej'n den Flughaf'n und seene Jeista zwisch'n Zuprosten un Klojang auf. – Die fress'n doch noch als Tote Jeld! War der alljemeine Tenor: Von Zijarren jibt et zwee Sorten, die eenen sind de jekooften, die ander'n sind de jeschnorrten. Bei unsan Richtan und Politköppen jibt et keen ein und ander. Det is eene Mischpoke. – Der BER ist Absurdistan. Ab un zu erschlug'n'wa ‚ne fliegende Mücke. Nach unsre Politsitzung wurde mächtig geschwooft.

Wir dreht'n so manche Rumba, meene Nachbarin und ick. Tolle schwarze Haare hast'e, schmeichelte ick ihr. – Willst'e se mir mal bürst'n? (So weit wollte ich jar nich' jeh'n). Im Pionierlaja in Russland nannt'n mich alle Männa ‚Schwarzer Stern'. Verlor'n det Gleichjewicht ... ick kam aus'm Takt und hörte: Da brennt ‚ne Patron'nkugel ein Loch in deene Hos'ntasche. Ick konterte: Du bist zu fern von meener Waffe. Wir versucht'n'et mit Whiskey. (Damals war's Wodka). Nu kam ick in Fahrt: Hey, ick bin nich James Dean, auch nicht Winfried Glatzeder und du nich de Domröse. Sie war nich uff'n Kopp jefall'n: Icke, ick werd' deene Waffe mal lad'n. – Hey Baby, dir schieß ick ab! – Wisch'da ers'mal det Lächeln aus deem Jesicht, sonst sieht's noch jeda. ... Plötzlich bettelte sie: Ach Liebling, tu mir Schlechtes, bitte! – Wenn'de willst, spreng ick dir den Fluchhafen in de Luft. Sie lachte: Na, mit'm Klammerbeutel ham'se dir uff jed'n Fall nich jepudat! Mir kam ‚ne bess're Idee: Bei dir würd'ick schon jern die Baikal-Amur-Majistrale durchs Dickicht schlag'n. Det war der Durchbruch. Sie war am Haken: Kann det sein, dass ick mir hier'n janz schlimm'n Jenossen jeangelt habe, so eenen mit all'm Lametta? Sie erinnerte sich an ihre Baupionierzeit inn'a Sowjetunion. Da jab's ville Holz. Wir flog'n aufeinander. Bei dem bissch'n Urwald war Pionierarbeit nich nötig. Landing strip. Det war doch mal ‚ne Aktion. Ick landete. Sie jab ord'n'lich Schubumkehr. Die Party war ‚ne Wolke. Unsere Nachbarn sang'n: Wach auf, wach auf, du deutsches Land! Schon jinj de Sonne uff. ... So, det war't.

Nach'na Pause sprach Manne: Sach mal, det is' doch allet spinne, oda? Ich schüttelte den Kopf: Jenauso wars. – Mitt'a Nachbarin, meen ick. Ich wurde ärgerlich: Meenste, ick will dir'n Bär'n uffbind'n? Det is meene neue Flamme. – Nu sei mal nich so bärbeißig. – Komm'ma ja nich' korrekt. Ick liebe schwarze Sterne. Die sieht man nich'. Wir seh'n de Sonne, dann de schwarze Nacht. Wat is wahr? Große strahlende Sonne, tiefschwarze glimmende Nacht. Beides verbrennt dir, wenn de dir in sie legst. Nee, lass mal, ick bleib bei de schwarz'n Sterne. – Wau, wau! Wau, wau! – Unsa Maxe humpelt wie ‚n Hundsteufelchen und scheißt uff deene schwarz'n Sterne! – Lass uns angeln. ... (Nach einer Weile:) Sach mal, hast'e noch wat uff Laja. – Bist wohl uff'n Jeschmack jekomm'n. – Mach's nich imma so spannend. – Na jut, ick sprech'da mal von meen' Erzeuja: Wat machst'n da ob'n, du oller Lausa? – Un hörst'e wat? – Sei doch mal ruh'ch! ... – Wat'n nu? – Wat denkst'e? – Ick lass mal Maxe denk'n. Max, lausch mal! – Jaujaujauauauauau! – Ick sach dir, jenau det hab ick jehört im großen Himmelszelt un nich mehr. – Un wo bleeb'n meene Sternthala? – Na kiek doch mal: \$ – Mann, lass det Oojenklimpan. Ick vasteh schon. Maxe, wat los? Kiek da den an, wie der mit seen Schwanz wedelt! Eb'n hatt'a noch jejault, nun schaut'a nach ob'n, als ob'a hin möchte. – Tja! – Hanne, du bist ehrlich n'olla Schamane. – Der will nach Hause.

Wir dackelten zum Parkplatz. – Weeßte Manne, unsre Stern'nfinstanis is noch lange nich. Jewöhn dir an meen'n schwarz'n Stern. Is keen Fröllein mehr. Sin'mal ooch bloß so'ne Schmutzfink'n. – Hannää, haab'ick doch! – Na wenn ick gleich ins Bett komme, wird det Kätzchen schnurr'n und miaun – Wau, *au, **u, ***! – Max, du bellst ja Sternchen! Hast'e recht. Sin keene hell'n Sterne mehr da, machst'e dir selba welche! – N'Hund will ooch leb'n. Tschüss, Manne! – Tschö, Hanne! – Komm, wir jeh'n nachhaus zu Frauchen. Krichst Trockenfuttersternchen.

Stadt ohne Wunder
Nepomuk Ullmann

in der stadt
menschen
die in meiner sprache
betteln

die zeit
hat ihren lebenslauf
ausradiert

mit ungepflegtem bart
nicken sie täglich
langsamer

aus feuchter stille
steigen schatten
in den nebel
der abende

dieser november wird
verzeiht
im regen enden

allein der hund
wird überleben
wunder werden
nicht erwartet

Am Gendarmenmarkt

Bettine Reichelt

In der Stadt
In der
Die Schatten der Bäume
Erlaubt
Werden müssen
Wurzeln
Zu regelmäßigem Umpflanzen verpflichtet
Haben Gewächse gegen die Norm
Keine Chance

Wo kämen wir auch hin
Wenn jeder
Er selber wäre
Und nichts als das
Wenn die Phantasie
Grenzen sprengte
Und neue Formen
Ohne Kontrolle
Gen Himmel
Sich streckten
Wo kämen wir da hin
Ja wirklich
Wo kämen wir dann eigen
Hin?

Großstadt
Petra Klingl

Das Blut
In den Adern der Stadt
Hämmert
Unaufhörlich
Gnadenlos
Den ohrenbetäubenden Rhythmus
Erbarmungslose Hektik
Ach, dieser Schmerz
Reißt mir die Haut vom Leibe
Loses Fleisch und das Hirn
Schreien, schreien, schreien
Nach
Stille, Stille, Stille
Vergeblich!
Mein Verstand flieht
In den Himmel
Hoch über die Stadt

Felidentraum

Vivien Ruthardt

Dort
beim Sinnstein, die Taube
steigt auf in den Regen, die Nebelschwaden.

Am Himmel steht fern die Zeit,
ein letztes Geleit
zum Gleis. Keiner weiß,
wo die Linien der Bahnen enden,
in leere Worte und Rauch mündend
am Ort, wo Tauben sterben
und Herzstücke fliegen lernen.
Stadtauswärts. Davon.

Dorthin,
wo junge Schwingen angereicherte Luft,
alte Träume, Abgasflimmern
und Glühwürmchen
zerschneiden.

Über einem unruhigen Tier,
katzengleich zusammengerollt,
mit lichtblinkendem Fell, menschenzerfilzt
das mit den Stimmen sauren Regens
und Motorengebrumms eine Sprache spricht,
deren Duett
so wortlos verklingt,
wie ein Menschenleben in der Chronik fremder Wände.

Stadtmaske

Freya Schreiber

Die Stadt hält noch das Kleinod gefangen
dem zu entrinnen sie einst versuchte

Straßen stauben auch im Trubel ein

nichts hält dem Wollen stand
und wird doch nicht

am steten Wandel wiederholt sich nur das Stete
eigentlich wandelt sich nichts

Keiner hört Vögel singen

Roland Schmid-Paleski

Zwitschernder Vogelmorgen
in betongrauer Häuserschlucht.

Grünes Lindenblätterdach
vor kalter Glasfassade.
Kühl empfängt Morgenluft
nachtschwärmende Menschen.

Traumjäger
verlassen die Pirsch
im Großstadtdschungel,
Abenteurer, erlebnisgeil.

Jagen und werden gejagt
von wilden Phantasien.

Stumm ihr Blick,
alkoholdunstig ihr Atem.
Schweißnasse Haut,
unter geöffneten Hemden.

Keiner hört die Vögel singen
vor kalter Fensterfront.

*) Aus: „Ein Falterleben lang"
mit freundlicher Genehmigung
des Zwischenbereiche-Verlags

Autobahngeflüster

Lisa Starogardzki

Immer zwei
Lichtpunkte
Pro Schicksal

Rot weiß
In Bahnen geordnet
Ziehen sich stehend
Ströme von
Seelen durchs Land

Spürst du sie?
Die Gedanken
Das Flirren
Zahlreicher Existenzen –
Nur Zentimeter entfernt –
Die sich nie berühren werden.

Damit muss ich Leben

Stephanie Mattner

Durch die Straßen
        Berlins
mäandern meine Sinne:
Lärm überfüllte Gehsteige
Geruch belästigt changierend
reizüberfluteter Blick
Geschmack nach...
Aufbruch
        ziellos
Eine Generation
feiert sich hart
        planlos
In einer grauen Ecke
tätowiere ich mir
den Berliner Bären auf den Arsch

Stadtgeflüster

Heike Puls

Die Nacht streicht lautlos die Wände.
Laternen baden wabernd,
in Schaufenstern Reflexe.

Im Stadtpark musizieren kahlköpfige Pappeln.
Selbstvergessen träumen Bänke,
am Wegrand einsilbige Gräser.

Wandelnde Gänge spielen Versteck.
Falter umtanzen Lüster,
im Himmel ein heller Streifen.

Erwachen einer Stadt

David Damm

Die Müdigkeit auf Straßen fällt,
Der seichte Nebel fort entschwebt,
Kaum Tageslicht die Stadt erhellt,
Der Bahnhof leer und unbelebt.

Die Straßen ewig lang und breit,
Die Ampeln geh'n mit Taktgefühl,
Sie schlagen schneller mit der Zeit,
Als hätten sie ein Reiseziel.

Drei hagere Gestalten steh'n
Im Schein des fahlen Neonlichts,
Die Pflicht zur Arbeit hinzugeh'n –
Ein Zug kommt jeden Augenblick.

Die dicken Straßentauben gurr'n,
Laut aufgeschreckt durch Polterei,
Von Rädern, die durch's Gleisbett surr'n
Und quietschend halten auf Gleis Zwei.

Ein Morgen voller Tatendrang,
Ein Tag, noch ungewiss und grau,
Doch taufrisch fängt die Sonne an
Und färbt die Kuppel himmelblau.

Stadtmenschen - Platzhirsche - Swinger

Gemachtes, erbautes Berliner Gesicht

Eileen Mätzold

Du bist so wunderbar
zerstörerisch
erstellst
entstellst deine Gesichter
auf den Plakaten
auf den Bildern
für eine Werbung
die dich nicht
erst nimmt
du
nicht wahrnimmst
ich habe mich in dich verliebt
weil du schwer
zu fassen bleibst
du machst
mich anschaulich
sonderbar
und entfremdest mir
meine Ziele
Berlin
du knickst um
in meine Finger
die einen Kugelschreiber halten
in dir gekauft.

Du verkaufst mein Herz
und spinnst
neue Fäden
in mein
gemachtes Gesicht.

Eine Randerscheinung

Oliver Bauer

Ich hätte dich gern Mütterchen genannt,
das Gesicht faltengelegt, sonnengegerbt,
lebensgezeichnet, ernst,
still ertragend, wartend
bis zum Tag der Mahd.
Ein Eimer Blumen in der Hand,
Schürze schmutzbefleckt,
neue Schuhe lange nicht.
Schlohweißes Haar, Gang gewankt
und schwer.

Der Weg tagtäglich in dieser Jahreszeit,
des Gärtchens Blumen
für ein paar Cent mehr.
Den kleinen Hocker am U-Bahn-Schacht,
den Topf daneben, das Pappschild davor.
Wenig Wahrnehmung
hat dich Gleichmut gelehrt,
geruhsam warten,
Hell und Dunkel bestimmen die Zeit.

Als wär etwas möglich

Projekt wort:rausch

Wir kreisen über
Zusammengeflochtenem

Atem rinnt aus
quer über die Straße

dort streut jemand neue Zeit
als wär etwas möglich

Foto '89

Ben Kretlow

auf dem photo: in der mitte
das abfallen eines alten lebens,
das verschwindet aus dem gesicht
einer jungen frau,
die westwärts drängt: pariser platz

U Acht Gisela

Harald Kappel

Halt Alexander
unter der kalten Neonschlange
geschändetes Licht
Platz grünblauer Sachlichkeit
erste Wagenklasse

hinten
die Bolschewiken
zersoffenes Arbeiterblut
deklamieren dumpfe Manifeste
gescheiterter Gleichheit
falscher Brüderlichkeit

vorne
berührungslos die Berliner Herren
wie preußische Statuen
hohle Gesichter und Aktentaschen
fern der Sprühdosenkultur
schwimmen im Dorfwasser
glauben an die Weltstadt
an Austern im KaDeWe
vornehm entleeren sie
Unter den Linden
ihren hohlen Dünkel

an der Endstation
im Weltauge
suchen alle ängstlich
das kleine Glück

Zwei vom Dorf

Robert Klages

Du hast deine Waffen, Mädchen
Und bist eingetaucht in eine neue Welt
Oder wurdest gestoßen
Wer weiß das genau
„Nach ihm" ist dein Zeitalter
„Nach mir" lebe auch ich
Berlin Berlin Berlin
Die Stadt, in der du niemals warst
Sie hat dich wieder

Du hast deine Waffen, Mädchen
Den Busen hoch und spitz
Die Lippen frech und lüstern
In Berlin kann man sein
Hier begeht man Fehler bewusst
Schmeiß dich ins Rennen
Oder fühlst du dich immer noch hässlich?

Ein Dorf fließt durch deine Adern
Und quillt aus deinen Augen
In Berlin stinkst du nach Gülle
Da helfen keine fünf Meter Parfüm
Dein Lächeln ist begraben
Jungs lieben das (ich weiß es ja)
Und was du beim Kühemelken gelernt hast
Jeder weiß es auch hier

Dein Körper drängt sich durch die Clubs und Bars
Und sammelt Blicke
Und die Jungs stolpern hinterher bis in dein Bett
Dein Körper wie die Schweinehälften
Auf der Schlachtbank deines Vaters
Deine Waffen haben ihr Ziel nicht verfehlt
Immerhin

Du gibst ihnen deinen Schatten zu lieben
Du genießt das
Wie sie sich abrackern an deinem geistentfernten Körper
Dich zerfressen wie Aas
Du genießt das
Wie sie sich bemühen und versagen
Und sich vorstellen
Sie hätten es dir besorgt
Weil du einmal gequiekt hast

Wie sie versuchen
Zärtlich und liebevoll zu sein
Aber unfähig sind
Du genießt das
Oder fühlst du dich immer noch hässlich?
Weil ein Schwanz kein Kompliment ist

Dein Körper dehnt und streckt sich
Statt im Bett jetzt auf der Yogamatte
Deine Gedanken ziehen an dir vorbei
So wie Leben und Zeit
Nachts bist du wieder Aas
Ein verwestes Einhorn
So wie jeder hier
Fühlst du dich hässlich

Und eingesperrt
In Erinnerung und Vergangenheit?

Was ich derweil so mache?
Denkst du noch daran?
Vielleicht haben wir uns gestreift
Hättest du es bemerkt?
Wir werden uns sehen
An Feiertagen im alten Dorf
Und davon erzählen
Wie frei wir sind

Wir werden nichts abstreiten
Nichts bestätigen
Platz lassen für Mutmaßungen
Wir werden schweigend erzählen
Wie Schatten im Dunkeln
Und einander vermissen
Wie Ertrunkene das Meer

Meins
Corinna Gerhards

Du bist die Stadt,
die mich ruft
und ich folge.
Du mein Geliebter,
du kennst mich noch nicht
und doch,
wirst du mich sehen,
wenn ich groß bin.
Dann werde ich
auf Dächern
spazieren gehen
und die Massen
werden schrumpfen
zu einem einzigen
pulsierenden
Herz,
das ich in meinen Händen
halte.
Und überall Menschen
und Menschen
und
Menschen
und
Ich.

Dein Kuss,
der mich berührt,
weil du mich liebst
und der es mir
schwer macht
dich zu erkennen,
weil ich
an dich glauben will
und manchmal
schäme ich mich
dafür.
Ich winke deinen
vergessenen Kindern,
die mir rufend folgen
und ich werfe Rosen
aus den Fenstern
meiner Limousine
und Handküsse
auf den Asphalt
hinterher,
die sich in Pfützen
sammeln.
Und überall Lichter
und Lichter
und
Lichter
und
Ich.
Deine Arme werden
sich um mich legen,
während dein Atem
mich hoch
in den Himmel wirft
und mein
winziges
Ich
mit so viel Welt
sicher
auffängt.
Deine Gebäude
erbaue ich mir neu
und Brücken,
wo du nicht
zu mir kommst.
Ich pflanze Bäume,
wo ich Schatten brauche
und lasse Blumen blühen,
wo ich vor grau
nicht atmen
kann.
Und überall Häuser
und Häuser
und
Häuser
und
Ich.
Deine Stimme,
sonst brüllend,
trocken
flüstert leise
in mein
Ohr,
während du mich
sanft
und aus Versehen
mit deiner Wange
streifst.
Ich spüre sie nicht,
deine Kälte,
die andere friert
und erstarren lässt,
während ich tanze,
tanze
und im Fenster
ist
Frühling.

Und überall Lärm
und Lärm
und
Lärm
und

———
(Leer)

Du hast gelernt
was Freiheit heisst
und das vergiss nie mehr

Sehnsuchtsfäden

Eva Gruber

Deine Fäden haben mich umsponnen
Schon beim ersten Mal

Seidene, sonnige, leichte Fäden,
Die mich immer wieder zu dir ziehen

Zart, lockend, verheißend,
Liebevoll, bunt und schillernd

Sehnsuchtsfäden, die mich belegen
Mit Seufzern, Verlangen, Verliebtsein

Ich will mich umspinnen lassen
Ziehen lassen, bei dir sein

Aufgehen in dir, mich finden
Leben, Lachen, Fühlen

Umspinne mich, ich biete mich an
Will eins sein mit dir

Berlin

Romeo Bayazid

Ein flockiges Wolkenfeld flog über die Dächer der Stadt. Wie Drachenrücken schlängelte sich ein endloses Labyrinth von Häuserreihen um Kirchtürme herum, bis in die Ferne. So sah es aus, wenn Lisbeth bei Tag von ihrer Dachkammer herunterschaute. Die Ameisen am Boden des Labyrinths fuhren in blechernen Eimern auf vorgeschriebenen Bahnen, lärmten und stanken, warum es sie gab, wusste sie nicht. Im Grunde wusste sie gar nicht viel über das Wettrennen auf dem Planeten. Ihr Geist steckte quasi noch in den Kinderschuhen und ihre Seele wohnte in einem Heim mit schmutzigen Fenstern, das die Stadt den Behinderten zuwies.

Solange der Tagstress mit den hysterischen Gemütern in den Straßen tobte, strickte Lisbeth viel lieber an einem Schal und wartete, bis die Dämmerung hereinbrach. Ihre bevorzugten Zeiten das Haus zu verlassen waren im Dunst des Morgens, wenn die braven Bürger aus den Betten krochen und zerknautscht und unmaskiert unter dem Schleier der Nacht hervorlugten oder im Schutz des Abends. Beides Mal wie ein Wesen im Dämmerlicht, das mit stoischer Routine einen unsichtbaren Pfad verfolgte. Wie all die anderen Menschen war sie ein Kind dieser Welt, doch lebte sie weit am Rande der Gesellschaft. Von der Hand in den Mund. Einer Hand, die vergebens nach einem sicheren Halt vor dem Abgrund suchte. Die Tore zu den Illusionen waren verschlossen, sie stand draußen im trostlosen Abseits mit einem Trolley und lief durch die nächtlichen Straßen.

Tack-tarack-tock-tarack – klapperte der Trolley ihren halb schlürfenden, halb hinkenden Schritten hinterher. Ein bisschen lauter an den hohen Gehsteigen und holpernd über das unebene Kopfsteinpflaster. An jedem Mülleimer hielt sie an und untersuchte den stinkenden Inhalt mit der Art eines Dachses, der einem fremden Bau beschnüffelte, nahm hier und da eine Flasche heraus und zog zum Nächsten.

Sie lief gern durch die Nacht, im Glanz des bunten Neonlichts, das der Stadt hartes Gesicht mit lustigen Bildern bemalte. Die große Bühne wirkte auf sie wie ein Zauberwald, in dem die Gaben aus dem Boden wuchsen. An manchen Schaufenstern hielt sie an und fragte sich, wer sich das leisten konnte bei den teuren Preisen. Auch wusste sie gar nicht, was man mit all den Dingen hätte anstellen können. Sie trank nicht, rauchte nicht und hatte auch sonst keine Laster. Der einzige schwache Moment war bei Al Salam, einem Zuckerbäcker auf ihrem Weg. Da stand sie dann sehnsüchtig vor den leckeren Torten und schleckte begierig die Lippen.

Tack-tarack-tock-tarack – zog sie durch Licht und Schatten einer gediegenen Gesellschaft. Vorbei an zufriedenen Mienen, die sattgegessen ihre Bäuche rieben. Ein klein wenig ab vom Schuss, aber noch nahe genug, um nicht ins absolute Aus zu kippen, schliefen Berber gekrümmt und völlig verbogen auf einer Bank. Sie kannte sie alle, die Kaputtnix mit den dreckigen Binden an den nie heilenden Wunden der Psyche. Jeden Tag kamen neue hinzu. Die Stadt hatte auch sie vor langer Zeit geliebt, dann genährt und nun verbraucht.

Lisbeth sprach nie viel, weil sie nie angesprochen wurde. Was hätte man schon mit einem grauen Mäuschen bereden können, das jenseits der glücklichen Träume die Angst vor dem Abstieg verkörperte. Aus ihrem Wesen floss Gleichmut auf flanierende Passanten und Touristen, die ihr pauschal eine milde Beschränktheit bescheinigten. Sie spürte sehr wohl, dass man auf sie herabsah, aber die Welt dieser Menschen war eine andere möglicherweise erstrebenswertere Situation, auf die sie keinen Anspruch erhob.

Während all diese Leute ihren tollen Interessen nachgingen, streunte sie Nacht für Nacht durch den Kiez. Oft von finsteren Augen begleitet, die wie sie im prächtigen Schatten der patriarchalischen Bauten den Morast nach einer Überlebenschance durchwühlten. Stets auf der Hut trat sie am Ende der Reise ins Licht und war froh, wieder einen Tag unbeschadet überstanden zu haben. Wenn dann am Heimweg der weite Himmel sich öffnete und ihre wenigen Gedanken verschluckte, sprach eine gütige Stimme von den Sternen. Lange würde es nicht mehr dauern, bis die Sparbüchse voll ist und sie aus dem Erlös der Flaschen diesen einen sehnlichen Wunsch erkaufen konnte.

An einem schlichten Samstag, an dem das Labyrinth der Häuser sich in einem blauen, wolkenlosen Himmel verlor, hatte Lisbeth das Leergut schon früh gegen kleine Münzen eingetauscht und wartete Stunde um Stunde auf die Dämmerung. Als sich endlich die Sonne gen Westen neigte und der steinerne Horizont die letzten Strahlen verschluckte, nahm sie die Groschen und eilte vergnügt dem Zuckerbäcker entgegen. Bunt war die Welt und hell und freundlich an jenem Abend. Die mürben Zeiten schienen dahin, als ein großes Stück Torte ihre Lippen versüßte. Die gütige Stimme sprach deutlich zu ihr und sie fühlte sich so dermaßen glücklich, dass sie vor Freude auf den Gehweg sprang, dann auf die Straße.
Den Knall bemerkte sie nicht mehr, nur wenige Menschen bemerkten überhaupt etwas.

Poèmes à la carte ~
Die Phönix Sequenz - 261

Phil Skurril

Die Stadt, die man nicht gerne sieht
Straßen, die sinnlos verlaufen
Menschen, die ihr Leben verkaufen
Ein Hund, der das Bein hebt
Ein Schwert über`m Kopf schwebt
Schatten, die täglichen Irrsinn bespiegeln
Spiegel, die nächtliche Schatten entsiegeln
Kinder, die ihre Kindheit bedauern
Blutige Spuren auf verwunschenen Mauern
Gewaltige Träume, die verloren umherirren
Vergessene Sprachen, die die Sinne verwirren
Gierige Mäuler, die Zeit scheint entrückt
Verlorene Blicke, per Zufall verrückt
Das ist, was unablässig Schlieren zieht
Die Stadt, die man nicht gerne sieht

Friedrichstraße
Stephanie Richter

Herzblind durchströmen sie
den schaufenstergesäumten Weg.
Sehen aus wie ferngesteuert.
Reißen mit sich, was ihnen in die Quere kommt.
Der Einzelne existiert nicht mehr.
Erst recht nicht er,
in seiner abgerissenen Kleidung.
Mit dem Lächel,
aus dem jede Hoffnung geschwunden ist.
Der dennoch seine Zeitungen in die Höhe hält
und ihn für einen kurzen Augenblick zerteilt,
den Menschenfluss.

Fußgängerzone Wilmersdorferstraße

Karin Hutter

Da steht diese Frau
wie aus der Welt gefallen
zerbrechlich ältlich
sorgfältig gekleidet
das Gesicht beschattet
von einem Strohhut
zupft sie die Mandoline
und singt

singt mit einer
Jungmädchenstimme
singt ihre Lieblingslieder
Kinderlieder
Wanderlieder
Volkslieder
Folksongs auch

viele erinnern sich
summen lächelnd mit
sprechen die Worte
leise im Vorübergehen

schüchtern fast verschämt
wirft ein Mann eine Münze
sie rollt ihr bis vor die Füße
da singt sie ihm ein neues Lied
„Die Gedanken sind frei"

was mich zu Tränen rührt

Jennifer Hilgert

*"Der knuspert alles,
was Kirmes im Kopf macht"*

Zwei Minuten
und dir geht alles durch den Kopf
Ein Tag wird zu deinem Leben

Aufgewachsen ohne Perspektive
Aufgewogen mit Gewalt
Augenblicke werden Augenwischerei

Sie wachsen
die Tendenzen

Nichts bleibt hier
Nur Gegenwehr
Eine Mutter
die mit Angst
ihr Kind im Leben sehen will
Diebverletzung oder Körperstahl

Kiez ist King
Die Drogen sind et och
Die Straße macht kalt
was dich kaputt macht

Berlin – eine Stadt aus aller Welt
Mein Berlin: Ick liebe dir
Haste Berlin jesehn
dann warste hier

Stella del Sud oder Neukölln – südwärts

Wolfgang Endler

Funkstreifenwagen jagt Regenwolken
Gemengelage blaulichtgesprenkelt
stadtgraue Kirchturmspitze
berlinernde Afrikaner
neben mir im Café
Trompetenbaumblüten
sommerlich konzertierend
Gewitterstimmung verdampft
über dem Asphalt
Markise im Rückzug

Lolle aus Berlin

Mirita Sofamosa

Ick lebe in Berlin, ick bin een Hund
und wiege circa 30ig Pfund.

Ick bin die Lolle, also eene „Sie"
und jeh den Menschen bis zum Knie.

Ick bin von Hinz nach Kunz jekommen,
doch keener hat mir lieb jewonnen.

Die Frau, mit der ick nun flaniere,
die hat mir aus den Schutz für Tiere.

Im Alltag mach ick Menschen jern mobil,
denn Hosenbeene sind mein liebstes Ziel.

Ick kann da aber nüscht dafür, ick hab ne frühe Macke,
denn meine Kindheit, die war Kacke.

Ick hab jans weichet Fell, det riecht nach Blätterteigkrokant,
det sach ick im Vertrau`n, det is nich arrojant.

Wat andre denken, det is mir piepejal,
ick bin die Queen im Kiez, ick bin die Femme Fatal.

Mancher motzt: „Hast Du ne freche Schnauze!",
Ick bell „Na und, ick bin Berlinerin!", dann kratz ick mir die Plauze.

Ick sach Euch wat, ick bin janz Hund,
ick jage, buddle, belle – meine Welt läuft rund.

Machts jut und grüßt mir alle Hunde,
wir sehn uns bald, bei meiner nächsten Runde.

Acht Stück' Bienenstich

Lena Kelm

Am noch kühlen Morgen eines vorausgesagten heißen Tages kehre ich, nach dem Blumengießen am Grab meiner lieben Mutter, in eine Bäckerei in der Karl-Marx-Straße ein. Ein Steh-Café, nicht das beste und auch kein EINSTEIN. Mein Kreislauf signalisiert: Kaffee, Kaffee, Kaffee! Um ihn in Schwung zu bringen, reicht es allemal. Die Verkäuferinnen sind nett, was will man noch! Naja, etwas Atmosphäre vielleicht.

Wie laut es hier ist! Fällt ein Handygespräch unter die Kategorie Lärm- oder Umweltbelastung? Der Lärm kommt von der offenen Tür, davor steht ein Paar. Sie – etwas mollig, schwarzes Spitzentuch am Dutt, schwarzweiß gestreifter Pullover zum knöchellangen schwarzen Rock, Netzpantoletten mit Glitzerblümchen drauf – telefoniert. Wer hat bloß die Flip-Flops für die Straße erfunden? Der Mann neben ihr – kleinwüchsig wie sie, im weißen Hemd, schwarzer Hose, dicker Goldkette um den kurzen Hals, die Füße in Lackschuhen – steht schweigend da, mit einer Perlenkette spielend, während die Frau lautstark in ihr Handy schimpft. So hört es sich an, verstehen kann ich sie nicht. Sie spricht nicht deutsch, auch nicht polnisch, weder bulgarisch noch serbisch, vielleicht rumänisch? Plötzlich schreit sie: „Scheiße!" Und mir fällt meine Bekannte aus Russland ein, die, als sie in den 90ern ihre Verwandten in Berlin besuchte, mir ironisch ihre Eindrücke schilderte. Das Beste war, meinte sie, dass sie zwei deutsche Begriffe gelernt hatte: Geschenk und Scheiße.

Die Frau vor der Tür übertönt jedes vorbeifahrende Auto. Ich hoffe, sie hört bald auf und bestelle Kaffee. Die Frau am Ne-

bentisch schüttelt unmissverständlich den Kopf. Wie versteht bloß die Verkäuferin die Kunden bei diesem Lärm?
Da kommt ein großer Mann herein im Unterhemd, kurzer Turnhose, Badelatschen, typisch Neuköllner Alltagslook, Drei-Tage-Bart, schütteres Haar, grau im Gesicht. Er strengt sich an, um die Frau vor der Tür zu übertönen. Ungepflegt, denke ich, schade! Ein Drei-Tage-Bart kann schön sein, wenn ein Mann das gewisse Etwas hat. Wenn er mich zum Beispiel an der Ampel nicht schubst und hinzufügt: "Na, schläfst wohl, Dicke, grüner wird's nicht!"
Zurück zu dem Mann, für den die Verkäuferin gerade den Kuchen sorgsam verpackt. Sie reicht ihm Kaffee, der Mann stellt ihn auf einen freien Tisch ab und holt sein Handy aus der Hosentasche. Es sieht neu und modern aus im Gegensatz zu meinem aus der Steinzeit. Während ich das tolle Handy bewundere und überlege, wieso ich nie Geld für ein neues habe, telefoniert er.
"Hi, ich bin's, hab' acht Stück' Bienenstich gekauft und Schlagsahne, trinke jetzt einen Kaffee in Ruhe, bin in einer halben Stunde bei dir, bis denne!"
Kurz und sachlich, ein Mann, ein Wort! Nicht wie die laute Frau vor der Tür. Sie macht Anstalten zu gehen. Doch mein Stoßgebet wird nicht erhört. Die Frau bleibt stehen und brüllt nun ins Handy. Der Mann mit den acht Stücken Bienenstich telefoniert erneut.
"Na, du Zuckerärschchen, bist du schon wach? Komm nach Kreuzberg, in einer halben Stunde bin ich da, habe acht Stück' Bienenstich mit Schlagsahne gekauft. Was macht das Pferd? Ach, du Sch...! Gibt Schlimmeres! Ich geh' jetzt nach Kreuzberg, trink nur noch meinen Kaffee."
Zum Kaffeetrinken kommt er nicht. Ich frage mich, wie dieser Mann es schaffen will, die Schlagsahne auf einem Papierteller zu transportieren. Und wie will er in dreißig Minuten in Kreuzberg sein, wenn er die ganze Zeit telefoniert?
Ich habe genug, auch vom Geschrei, und will gehen, in dem

Moment kommt eine Frau herein in einem langen schwarzen Mantel in Begleitung eines kleinen Jungen, ihr Handy klemmt zwischen Ohr und Kopftuch. Sie telefoniert auf Türkisch und bestellt nebenbei zwanzig Schrippen. "Tamam, tamam...!", höre ich.
Die Verkäuferin wartet geduldig, solange die Kundin im Portemonnaie nach Silber kramt und seelenruhig telefoniert. Auch der Mann mit der Schlagsahne telefoniert.
„Du Arsch, komme jetzt nach Kreuzberg, hab' acht Stück' Bienenstich und Schlagsahne."
Russisch vermisse ich noch in diesem gemischten Chor.

U-Bahn im Herbst

Natascha Remmert

Ausgekotzte Blätter auf staubigen Treppen
Windige Tunnel,
Verlassene Schuhkartons
Ich will nicht stören
Nur ein paar Münzen
Hell, dunkel, hell, dunkel
Schnell, schneller, bremsen

Gekicher von Gänsen
Geruch nach Tabak
Schnell, schneller, Vollbremsung
Dann wieder die eintönige Melodie
Langsam, immer langsamer

Treppe runter
Blaue Haare, rosa Strumpfhosen
Warten, warten
Versenke Blicke auf metallnen Stühlen

Wind aus dem Tunnel
Yallah, yallah
Inchallah, Dicka
Hormone viel zu viele
Scharfe Kurven
Schneller, schneller
Hell, dunkel
Bremsen

Fast wäre ich gefallen.

Rolltreppenköpfe

Nadja Felscher

R o l l t r e p p e n k ö p f e
                t r e p p a u f
                    t r e p p a b
                        t r e p p a u f
                            t r e p p a b

getrieben auf des Alltags Gleisen

R o l l t r e p p e n k ö p f e schwebefahrend
                        t r e p p a u f
                            t r e p p a b
                              t r e p p a u f
                                  t r e p p a b

abgelegt abgelebt - unifarben grau in grau

R o l l t r e p p e n k ö p f e
                auf kantigen Quadern
                    Fließbandstatisten
                    Marionetten vereint
            unsichtbare Fäden erhalten am Leben
              der Kugelklötzer aufrechten Gang

R o l l t r e p p e n k ö p f e - wortlose Schädel
R o l l t r e p p e n k ö p f e - geräuschlos schieben
R o l l t r e p p e n k ö p f e - empfindungslos scheinen
R o l l t r e p p e n k ö p f e
                t r e p p a u f
                    t r e p p a b

Stumme Spieler im Treppenstrang
Schienengefährte im Stufenkanal
Trittbrettkomparsen im Schienenweg
R o l l t r e p p e n k ö p f e
                t r e p p a u f
                    t r e p p a b

Alltagsgeleise farbaussaugend
Konturen verkantend querholzblockiert
Schienenwege - Aufstellreihen
Brüchig spröde klanglos scheinen

R o l l t r e p p e n k ö p f e
               t r e p p a u f
              t r e p p a b
                   t r e p p a u f
                       t r e p p a b
                          t r e p p a u f
                   t r e p p a b
                t r e p p a u f
              t r e p p a b
       t r e p p a u f
           t r e p p a b

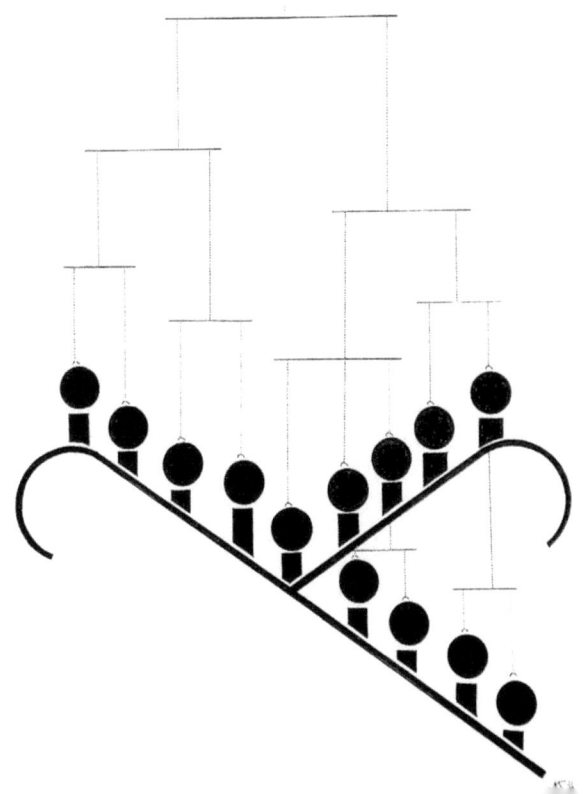

Wahlberlinerpoesie
Stefanie Kieselmann

Einfahrt Berlin Ostbahnhof. Der Berliner Bär hebt freudig die Tatzen – begrüßt mich, den neuen Freund. Mein Neubeginn, mein Spiel. Ein kleines Zimmer steht bereit. Klein, doch fein, so soll es sein. Neukölln - die neue Heimat. auf dem Fensterbrett, Sonnenstrahlen im Gesicht. Ein Blick zum Flaschensammler im Hinterhof, zur WG beim Frühstück gegenüber. Unter mir der fleißige Komponist, der am Klavier wütet. Nebenan ein Kind, das seiner Unzufriedenheit lautstark Ausdruck verleiht. Multikulti-Riesen-WG mit hauchdünnen Gipswänden. Man kennt sich. Man mag sich. Man hilft sich.

Montag bis Freitag derselbe Weg. Zwischenstopp am Späti, schnell dem Stammdönermann gewunken und es geht hinab in den Untergrund. Von Rathaus Neukölln bis Kochstrasse, Neukölln bis Mitte, verändert sich das Bild. Die Menschen. Das Umfeld. Sie kommen und gehen. Du steigst aus, steigst ein, steigst um. U zu S. S zu Tram. Tram zu Bus. Bus zu U. Aktiver Mitläufer des morgendlichen alltäglichen innerstädtischen Pendelverkehrs. Du starrst auf Plakate, auf Menschen. In dein Buch, auf den Boden. Gerüche verändern sich von Schritt zu Schritt, von Gleis zu Gleis. Von Brot zu Urin, von Burger zu altem Schweiß. Markantes Parfum der Großstadt.

Du studierst die Stationen auf dem Plan über der Tür. Du ertappst dich, erneut nach oben zu schauen, zu zählen – aus Langeweile, als Zeitvertreib, oder aus Verlegenheit – denn da ist er: Der Pendler Neukölln – Mitte. Tag um Tag. Gleiche Zeit. Gleicher Wagon. Gleiche Tür. Gleiches Shirt wie letzte Woche Dienstag. Man starrt und vermeidet doch Blickkontakt, man errötet und dreht sich weg vor Scham. Intimität vs. Anonymität. Die Stationen rauschen vorbei, lautes Rauschen in den roten Ohren. Vier Stationen bis zum Ausstieg. Die eisblauen Augen fangen meinen Blick. Drei. Ich schlucke, bewahre die Fassung. Zwei. Alles kribbelt. Heute spreche ich ihn an. Eins. „Wollt ick dir gestern schon jejeben haben – oder vorgestern – vielleicht war`s auch letzte Woche." Mr. Sexy aus dem Untergrund lächelt, steckt mir einen Zettel zu, verlässt die Bahn. Das Gesicht glüht. Die Oma mit der Zeitung grinst, der Punk daneben auch, sein Hund wedelt freudig mit dem Schwanz. Knorke!

Wir glühen. Die Stadt glüht mit und will gelebt werden. Wir flanieren des Nachts über den Ku`Damm, trinken Prosecco to go, träumen uns reich und schön. Wir kaufen Leckereien auf dem türkischen Markt, naschen Datteln und spazieren vollbepackt am Maybachufer entlang. Wir spielen Tourist, fotografieren uns vor dem Brandenburger Tor, spazieren am Holocaustdenkmal vorbei, bis zum Potsdamer Platz. Wir entern ein Tretboot, umrunden die Liebesinsel, taumeln liebestrunken und sonnenverbrannt durch den Plänterwald. Wir mummeln uns ein, investieren einen Euro und trinken im frostigen Berliner Winter Glühwein am Gendarmenmarkt. Wir sitzen bei Sonnenuntergang auf der Modersohnbrücke, beobachten die S-Bahnen auf ihrem Weg zum Ostkreuz. Wir zählen Kinderwägen im oder auf dem Prenzlberg, trinken Sojalatte in einem Café und essen Konoppke`s Currywurst. Wir rennen Hand in Hand an der Mediaspree entlang, hängen knutschend unter der Elsenbrücke bis zum Sonnenaufgang und lauschen den Elektrobeats von gegenüber. Wir schlendern mit Eiscreme und Sonnenbrille auf der Nase durch den Simon-Dach-Kiez, kaufen uns gegenseitig verrückte Dinge auf dem Flohmarkt am Boxi. Wir tanzen durch die Nacht im Suicide Circus, begrüßen den Tag mit Dönerfrühstück auf der Warschauer Brücke. Wir rasen mit dem Fahrrad über`s Flugfeld, vorbei an Kitern, Spaziergängern, Picknickern und Inlinern, lassen uns auf eine Wiese fallen, liegen im warmen Gras, trinken Bio-Mate und träumen uns hinauf.

Und ich blicke hinunter auf die Stadt, unsere Stadt. Bewundere die Vielfalt. Die Vielfalt unterschiedlicher Menschen, der Kieze und all der Möglichkeiten.

In so vielen Dingen noch so unsicher, doch in einer Sache ganz sicher:
Berlin, ick liebe dir.
Berlin, ick bleib bei dir.

Russischer Tee
Karin Hutter

Auf der Wiese
vor dem Teehaus
im Schlossgarten
trinken wir Tee
Olgas russischen Tee
aus kleinen
flachen Schalen
da flüstert sie
mir zu als wär's
das verabredete
Stichwort
die Schalen sind
aus Kirgisien weißt
du wo das ist
Kirgisien
ja antworte ich
kenne ich gut
mein Liebster hat
kirgisische Augen

Sie denkt nach

Horst Jürgen Peter Miethe

Ick steh als erste auf,
schmier dir die Schrippen,
stell deinen Kaffepott bereit
und denk dabei die janze Zeit: Jetzt!
Doch denn wird jehetzt.
Ick brauch dir bloß in die Augen zu sehn
Und weiß jenau, woran du denkst:
Wat im Betrieb zu machen is,
wat et fürn Beschiss
wieder mit de Prämien jibt.
Doch keen Wort davon,
det man sich liebt.
Und abends -
jenau det gleiche Spiel.
Da hat der Tach dich total erschlagen,
da trinkste Tee, von wegen dem Magen,
und alles ist dir zu viel.
Selbst det Jefühl.
Zum Fernsehen reichts noch,
det strengt ja nich an.
Und dann?
Dann lieg ick wach und du schläfst ein.
Soll det wirklich allet sein?!

Der schamanische Trance-Tanz
Mirita Sofamosa

Anfang der 90iger Jahre in Berlin. Ich war eine junge, lebenshungrige Frau und hatte mir eine Freizeitbeschäftigung zugelegt, die auf meine Umgebung befremdlich wirkte. In regelmäßigen Abständen nahm ich an exotisch anmutenden Tanz-Workshops teil. Den „nordafrikanischen Beduinentanz", den „angolanischen Kizomba und Semba" sowie den „irischen Flatley" hatte ich schon absolviert, als mir an einem Oktober Morgen folgende Anzeige, in einem Stadtteilmagazin, auffiel: „Schamanischer Trance-Tanz mit Elaforo. Befreie Deine Energie!".
Ohne zu zögern rief ich die angegebene Telefonnummer an und nach kurzem Klingeln meldete sich eine angenehme, männliche Stimme. Nachdem ich einige Sätze mit Elaforo gewechselt hatte wusste ich, wann und wo der Trance-Tanz-Workshop stattfinden sollte. Zwei Tage später machte mich auf den Weg - bekleidet mit einer schwarzen Flece Hose und einer goldenen Samtbluse, die mit gerafften Ärmeln ausgestattet war.
„Was für eine Bruchbude", dachte ich, als sich der fünfstöckige Kreuzberger Altbau in seinem ganzen Elend vor mir präsentierte. Geplatzter Putz und misslungene Graffiti waren noch das kleinste Problem dieses Hauses. In der vierten und fünften Etage fehlte bei mehreren Fenstern das Glas. Bettwäschestücke in den unbeschreiblichsten Farben und Mustern waren, anstelle des Fensterglases, von einem Rahmen zum anderen gespannt worden. Ebenso wie damals, bin ich auch heute noch davon überzeugt, dass jedes Gebäude ein Lebewesen ist. Einmal gebaut entfaltet es, entsprechend der inneren Ereignisse und der äußeren Instandhaltungsbemühungen, seine je eigene Aura. Es bedurfte einiger Sätze positiver Selbstsuggestion, bis ich mich dazu durchringen konnte dieses Haus zu betreten.
Im zweiten Stock wurde ich von ohrenbetäubend lauter Musik empfangen. Der Refrain „Popperverklopper", von irgendeiner deutschen Punk-Band, dröhnte scheppernd aus dem Laut-

sprecher eines Kassettenrecorders. Die passenden Rezipienten standen, saßen und lagen im Hausflur, vor den Wohnungstüren. Sie zuckten rhythmisch mit ihren Oberkörpern zu dem Song. „Wo geht es denn zum Trance-Tanz?", schrie ich einen blassen Punk an, der mit hoch gezuckerten, türkisen Stachelhaaren die Bewegungen eines E-Gitarristen imitierte. Und ich erhielt tatsächlich eine Art Antwort. Erst streckte der Typ den Mittelfinger seiner linken Hand in die Höhe, dann folgte der Arm. Während er auf mich zu hüpfte schnellte sein Arm, dicht vor meinem Gesicht, auf und ab – mehr auf als ab. Ich verstand! Das spirituelle Event fand im nächst höheren Stockwerk statt.

1

Übrigens habe ich den Punker vor zwei Wochen wieder gesehen. An seinen türkis blauen Augen, die damals perfekt mit der Farbe seiner Haarskulptur korrespondierten, habe ich ihn gleich erkannt. Herr Rudlick, so sein Name, arbeitet seit einigen Wochen in meiner Hausbank, einer Genossenschaftsbank, als Filialleiter.

Lediglich das abnehmende Tageslicht, welches durch die Fenster des Hauses dümpelte, spendete dem dritten Stock ein schwaches Licht. Ich drückte den Klingelknopf der Mittelwohnung und ließ es klingeln. Kurz darauf öffnete sich langsam und knatschend die braun lackierte Holztür. Bis auf die Augen erkannte ich von dem Menschen, der jetzt vor mir stand, getaucht in das Dunkel des Wohnungsflures, nur die Umrisse. Dämonisch-intensiv, wie ich schaudernd empfand, fixierten mich zwei kleine, schwarzbraune Augen, die in übergroßen weißen Augäpfeln ruhten. Obwohl mich der Schreck packte, brachte ich stockend hervor: "Möchte zum schamanischen Trance-Tanz mit Elaforo!" „Roro", antwortete mir eine ältere Männerstimme. „Gut, dann eben zu Elaroro", verbesserte ich mich. „Nein, ich bin Roro", stellte sich der Mann vor. „Ist mir so was von egal", dachte ich und begrüßte ihn als Herrn Roro. Jetzt trat der Mann zur Seite und knipste den Lichtschalter an, woraufhin die funzelige Deckenbeleuchtung einen curry- gelb gestrichenen Flur in Erscheinung treten ließ. Bei Roros An-

blick zuckte ich zusammen. Sein dunkelhäutiges Gesicht war faltig und großflächig mit Narben bedeckt - schwarze, filzige Rastalocken reichten ihm bis zur Hüfte.
Mit meinen zwanzig Jahren erschien mir damals jeder, jenseits des vierzigsten Lebensjahres, uralt. Dieser Mann aber, da gab es für mich gar keinen Zweifel, war so alt, wie die Pyramiden.
„Komm mit, Elaforo ist hinten", sagte Roro bestimmt und setzte sich, nachdem er die Wohnungstür hinter uns geschlossen hatte, erstaunlich leichtfüßig in Bewegung. Mein Gesicht fühlte sich heiß an und ich wünschte mich an einen anderen Ort, irgendeinen anderen. In dem ersten großen Raum, den wir betraten, offenbarte sich mir ein schrecklicher Anblick. Kein einziges Möbelstück stand in diesem Zimmer, dessen Boden mit einem weichen, braunen Teppich ausgelegt war.
An den weiß gestrichenen Wänden hingen bemalte Holzmasken und, kaum zu fassen, Schrumpfköpfe! Solche Menschenköpfe, auf Puppengröße geschrumpft, hatte ich zuvor nur im Museum und in TV-Dokumentationen gesehen. „ Ähh, diese Köpfe an den Wänden, was...?", weiter kam ich mit meiner Frage nicht. Schlagartig blieb Roro stehen und drehte sich langsam um. Er kniff die Augen zusammen, legte den Kopf schief und taxierte mich. Dann hörte ich ihn im Flüsterton sagen: „Keine Angst, die sind nicht alle echt!". Falls mich diese Antwort beruhigen sollte, verfehlte sie dieses Ziel zu 100%.
Ich schluckte, meine Kopfhaut begann zu kribbeln und ich ersann einen Fluchtplan: Umdrehen, los rennen und dieser Schreckenskammer so weit wie möglich entfliehen.

2

Statt jedoch meinen Plan umzusetzen folgte ich Roro mit hölzernen Schritten und musste herausfinden, dass sich in dem zweiten Zimmer, das wir durchquerten, exakt das gleiche furchtbare Bild bot. Auch hier menschliche Köpfe und Masken an den Wänden.
„Das war`s jetzt", dachte ich panisch: „Eine kannibalische Sekte hat mich hierher gelockt und bald hängt mein Kopf auch, völlig vertrocknet, an einer dieser Wände.

Der einzige Schrumpfkopf mit blonden Haaren, dabei ist das nicht mal meine Naturhaarfarbe. Wieso denkst Du in diesen Moment an so einen unsäglichen Quatsch, wie an Deine Haarfarbe und lässt Dich dabei direkt zur Schlachtbank führen?", kreischte eine innere Stimme.
Als der Mann, der sich Roro nannte, die Tür zu dem dritten Zimmer öffnete und ich eintrat, atmete ich erleichtert auf. Die Angst, die sich wie ein enger Gurt um meinen Hals geschnürt hatte, fiel von mir ab. Dieser Raum wirkte freundlich und war hell erleuchtet. Der PVC Boden unter meinen Füßen ahmte visuell einen terracotta Steinboden nach. In einer Ecke des Zimmers stand eine Saunabox, die, wie ich schätzte, vier, vielleicht auch fünf Personen Platz bot. Gegenüber der Sauna stand eine Holzbank. An der anderen Seite des Raumes war, mit Metallstreben eine Kabine aufgebaut worden, die durch bodenlange, karminrote Vorhänge die Sicht in ihr Inneres verbarg. „Elaforo ist noch mit den anderen in der Sauna, die werden gleich heraus kommen. Dann auf Wiedersehen", hörte ich Roro in einem gelangweilten Tonfall sagen. Da ich diesen unheimlichen Menschen auf keinen Fall wieder sehen wollte rief ich ihm ein flüchtiges „Adieu" zu. Die Holzbank, auf der ich mich nieder ließ, war bequemer als sie aussah. Nicht zum ersten Mal hatte mir meine ausufernde Einbildungskraft einen Streich gespielt. Dies war im Grunde schon seit meiner Kindheit so und ich kannte es gar nicht anders. Es gehörte zu meinem Alltag, diesen umzulügen – zu einem spannenden, lebensgefährlichen Abenteuer. Trotzdem wunderte ich mich über meine neuste Kapriole: „Eine kannibalische Sekte, wie lächerlich". Vielleicht jedoch stimmten auch einfach meine aufrichtigen Wahrnehmungen nur nicht mit den Fakten überein. Während ich vor der Sauna, auf der Bank, saß und über meine Wahrnehmungsfähigkeit sinnierte, dröhnte mir jemand ins Ohr: „ Hallo, na jetze jet ded ja gleich los- ick freu ma schon druff!" Von mir unbemerkt hatte sich ein voll-bärtiger Mann, den ich spontan auf Ende 30ig schätzte, neben mich geschmiegt und lächelte erwartungsvoll in meine Richtung - zwei Goldzähne schimmerten tapfer in seinem maroden Gebiss. „Ja, davon gehe ich auch aus", gab ich zurück und stellte mir vor, wie mein Sitznachbar verzückt tanzend den Kopf in den Nacken warf,

während sein Mundgold im Neonlicht blitzte. „Ick bin der Peter, aba Du darfst ma Putzi nennen!" Erwachsene Männer, die sich selbst mit Kosenamen verniedlichten, galten mir damals wie heute, als infantile Verantwortungsverweigerer.

3

„Hallo Peter Putzi", brachte ich über die Lippen und versuchte diesen Gruß halbwegs freundlich klingen zu lassen. Er redete weiter: „Did is ded erste Mal ded ick did mache."
Wieso war der Typ so gut gelaunt, hatte er etwa nicht diese grausigen Zimmer durchqueren müssen um hier her zu gelangen? "Mir geht es ebenso wie Dir, ist das erste Mal", antwortete ich. Sein Lächeln erstarrte und wich, binnen Sekunden, einem ärgerlichen Ausdruck. Sein Tonfall gab meinem Eindruck recht. „Did is nich in Ordnung, ick hab den vollen Preis bezahlt und da hab ick ok ded Recht uff einen Profi." Dachte dieses bärtige Urgestein etwa, dass ich den Kurs leite?
„Das ist ein Missverständnis, den schamanischen Trance-Tanz leitet Elaforo", beruhigte ich ihn. „Äh, wat denn für nen Schamtanz mit Elefantino? Icke bin hier, wegen der erotischen Massage", blökte er und setzte nach: „Jetze wird ded ma hier langsam zu blöde, echt jetze. Erst führt ma so een altet Spinnenjebein durch leere Zimma, wo überall olle Köppe an die Wände hängen und jetze sitz ick ok noch neben so ner Klemmi Puff-Ärmel-Mutter, die zum Schamtanz will."
Das war zu viel. Gerade setzte ich an, den Typ mit Worten zu beschimpfen, die ich ohnehin hier nicht hätte nieder schreiben können, ohne einen Image Schaden zu erleiden, als eine junge hübsche Frau den Schauplatz betrat. Sie war einzig mit einem Tuch bekleidet, das ihren Schambereich bedeckte.
„Ja wat sehn denn meine geschundenen Augen, did is ja mal een schöner Anblick", freute sich Putzi und musterte, offensichtlich voller Vorfreude, die nackte Elfe.
„Bist Du Peter?", fragte die Frau. „In volla Lebensgröße Zuckerpüppchen!" Peter Putzi sprang auf. „Dann geh doch bitte schon mal in die Kabine Peter und leg ab, ich bin gleich bei Dir". Von einer zur anderen Sekunde war all sein Unmut verraucht und Putzi verschwand hinter dem karminroten Vorhang. „Ja, hau

bloß ab, du pubertärer Kindskopf im Körper eines Bierkutschers", dachte ich gehässig und fühlte mich gleich besser.
Ein Schwall feucht-warmer Luft umnebelte mich, als die Holztür der quadratischen Sauna-Kabine mit einem Ruck geöffnet wurde und ein nackter, rothaariger Mann, ca. Ende 20ig, lässig auf mich zu steuerte. Hinter ihm sichtete ich vier weitere Nackte – zwei Männer und zwei Frauen. „Hallo", begrüßte mich der Rotfuchs und schenkte mir ein herzliches Lächeln: „Du bist bestimmt Rita, die neue Teilnehmerin? Schade, dass Du nicht früher gekommen bist, denn dann hättest Du Dich mit uns in der Sauna vorwärmen können. Ich bin Elaforo – natürlich ist das nicht mein bürgerlicher Name."
Schwungvoll legte ich, immer noch sitzend, den Kopf in den Nacken und reichte dem Kursleiter, der jetzt unmittelbar vor mir stand, die Hand. Dabei starrte ich unverwandt in seine grünen Augen. Eher hätte ich einen Nackenkrampf riskiert, als meinen Blick direkt auf sein Glied zu richten, das zweifellos freundlich in die Welt hinein hing.

4

In einem Punkt hatte Peter Putzi, dessen erotische Massage ohrenscheinlich in vollem Gange war, recht. Tatsächlich war ich verklemmt, wenn es um Nacktheit, Intimität, überhaupt um allzu körperliches ging.
Hätte mich dieser Roro nicht eine halbe Stunde vorher durch das Altbau-Labyrinth des Schreckens geführt, so hätte ich meine Gehemmtheit sicher weniger geschickt verbergen können. Nach dem kurzen Gespräch mit Erik Druckmeister, so der bürgerliche Name von Elaforo, sprang ich auf und begrüßte die anderen anwesenden Trance-Tanzenden stehend. Geschickt hangelten die Kursteilnehmer nach ihren Kleidungsstücken, die sie auf zwei kleinen Hockern, neben der Sauna, deponiert hatten und kleideten sich an.
Unsere kleine Schar verließ die Wohnung und wir gelangten, über den Hof schlendernd, in den ersten Stock eines gegenüber liegenden Hauses.
Der Tanz-Workshop erwies sich als seriöse und überaus anstrengende Veranstaltung.

Begleitet von indianischen Gesängen aktivierten wir paarweise und wechselseitig unsere acht Körper-Chakren, also Energie-Bahnen – mithilfe von Halbedelsteinen.
Dabei lag jeweils eine Person auf dem nackten Fußboden, während ihr Pendant, in gebückter Haltung, um sie herum hüpfte und die Energiebahnen, mit kreisenden Bewegungen belebte – hierzu wurden die Steine nur wenige Zentimeter über dem Körper des Liegenden bewegt. Engelhardt, so hieß mein Mitstreiter, schien sich nur noch an zwei Chakren zu erinnern. Denn er kreiste mit seinem Stein fast ausschließlich oberhalb meines Herzchakras, auf Brusthöhe, oder knapp über meinem Sakral-Chakra, welches auch „das Süße" genannt wird. Mir fehlte einfach die Kraft mich über ihn zu ärgern und so schloss ich die Augen, stets hoffend, dass Engelhardt, der seiner Statur nach eher Engelfels hätte heißen sollen, nicht das Gleichgewicht verlor und mich unter sich begrub.
Nach drei gefühlten Jahrhundert-Stunden nahm die Prozedur endlich ein Ende. Zur Abschlussrunde saßen wir, einen Kreis bildend, im Schneidersitz. Genauer gesagt saßen die anderen im Schneidersitz. Ich hockte da, zusammen sackt wie ein defekter Klappstuhl und hielt meinen Kopf mit Mühe in der Vertikale. „Na, das war doch wieder eine sehr schöne Trance-Sitzung", behauptete unser Kursleiter. Die anderen nickten zustimmend.
„Und Rita, spürst Du schon die Wirkung des Reinigungsrituals in Deinen Chakren?", fragte Elaforo und schaute der zerschundenen Gestalt vor ihm mitleidlos ins Gesicht. "Auf jeden Fall spüre ich jeden einzelnen Knochen", raunte ich und war nicht bereit auch nur ein einziges, weiteres Wort zu sagen.

5

Warum hatte es Elaforo Druckmeister nicht dabei belassen können? Wie auch immer, er sprach mich erneut an: „Heute war es für Dich wohl noch anstrengend, wenn Du aber weiter machst auf diesem Weg, dann kannst Du Dich dauerhaft energetisch reinigen. Also bist Du dabei?" „Niemals wieder", dachte ich und antwortete mit einem schwachen Lächeln: „Ich würde ja sehr gern wieder kommen, aber ich wandere nächste Woche mit meiner Familie aus, in die Toskana. Mein Vater hat dort einen Olivenhain geerbt."

Unfassbar, wie ungeniert ich log. Vor allem, angesichts der Tatsache, dass ich auch einfach „habe keine Zeit" hätte sagen können. Erik schaute mich einen Augenblick lang ungläubig und prüfend an, entschied dann aber wohl, dass es keinen Grund für mich gäbe, mir eine derartige Geschichte aus den Fingern zu saugen. Deshalb verlieh er seinem Gesicht einen bedauernden Ausdruck:" Schade, dann vielleicht im nächsten Leben – alles Gute für Dich!"

Während ich nach Hause wankte wurde mir klar, dass die erworbenen Rücken- und Muskelschmerzen nicht so einfach von allein weg gehen würden. Deshalb suchte ich am nächsten Tag meinen Orthopäden auf. Von ihm erhielt ich eine wohltuende Schmerzspritze und dazu noch einem Stützgürtel, den ich eine Woche lang tragen durfte.

Sie können mir glauben, dass ich von meinem speziellen Hobby kuriert war. In Zukunft sollten für mich keine Experimente mehr in Frage kommen. Und dieser Maxime wäre ich auch mit Sicherheit gefolgt, hätte ich nicht zufällig drei Wochen nach dem geschilderten Vorfall folgende interessante Anzeige gelesen...

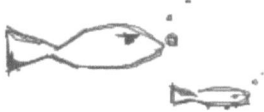

KAPITEL 3

Stadtansichten - Ansichtssachen - Epochales

Berlin

Jost Renner

Ich denke mir Berlin
als alte Frau
mit verhärmten Zügen
und verwitterter Haut,
die unnötig
harsch ist zu Fremden.
Als könnte sie nur so
ihre Würde wahren.

Ich denke mir, sie hat
ein großes Herz,
das sie nur selten zeigt.
In ihm sind tausend Wege
aus alter Zeit
hinein ins Gegenwärtige.
Und ganz im Verborgenen
da liebt sie mich.

Elefantenhaut einer Metropole
Matthias Eberling

Senioren, die einen schlohweißen Pferdeschwanz, Jeans mit Bügelfalte und eine Schirmmütze mit dem Logo der Denver Broncos tragen.
Die beiden Jugendlichen, die eine alte Backsteinmauer mit ihren Spraydosen dekorieren. Sie grinsen mich an, als ich in einem Park in der Nähe der Yorkbrücken an ihnen vorüberschlendere. Ich grinse zurück.
Jede zweite Kellnerin ist eigentlich Schauspielerin, jeder zweite Kellner Musiker, und alle studieren gerade irgendwas.
Eine steinalte Frau kommt vorüber, sie zieht in Zeitlupe ein bis über den Rand vollgepacktes, ‚Hackenporsche' genanntes Rollwägelchen hinter sich her, als gelte es, die nächsten sieben Tage im Luftschutzkeller zu verbringen.
Bier wird auf der Straße getrunken, Döner zweifuffzich.
Alte Mietskasernen. Im Vorübergehen sieht man in Fenster und auf Balkone, kurze Szenen des menschlichen Lebens, das sich so offen und ungespielt zeigt wie in Neapel.
Der herrliche Duft von Buletten weht auf den Bürgersteig, bisweilen auch schwere Wirsingwolken. Aus dem offenen Fenster einer Erdgeschosswohnung klingt hell wie ein Glockenspiel das Porzellan, als offenbar ein paar Teller aus dem Schrank genommen werden.
Alte Männer mit schweren Bäuchen und Nachkriegswirrenpomadenfrisur (‚Brisk', kein Wet-Gel), Frauen mit hässlich gemusterten Pullovern und stockstesgesprayten Dauerwellen, an denen man sich vermutlich schwer verletzen kann.
Wenn die Bäume in den Parks im Wind rauschen, hört es sich an wie Meeresbrandung.
Diese Stadt schäumt jede Sekunde über vor Gedanken. Es

gibt so viele Ideen – großartige und schnell vergessene -, dass niemand sie jemals festhalten könnte. Und du glaubst, man würde sich ausgerechnet an dich erinnern?
Auf der Straße trifft man schräge Leute, die Selbstgespräche führen. Da gibt es die ‚Kläffer‘, die lautstark unverständliches Zeug herausbellten, die ‚Agitatoren‘, die in endlosen Monologen die politischen Probleme der Welt erörtern, und die murmelnden »Flucher«, die nur ‚Scheiße, Scheiße‘ oder ‚Totschlagen müsste man die‘ vor sich hin brabbeln.
Verträumte Villenviertel. Verspielte schneeweiße Fassaden.
Überall Baustellen. Die ernsten, konzentrierten Gesichter der Arbeiter.
An der Frittenbude vor der Tankstelle beugen sich unrasierte Gesichter über eine Gekröserolle namens Currywurst.
In der U-Bahn verwelkte Angestelltengesichter, Kopftücher, Einkaufstüten, leises Scheppern aus Kopfhörern und die unvermeidliche Litanei eines Straßenmagazinverkäufers. Eine Frau, um die fünfzig und mit Dauerwelle, füllt mit dem strengen Blick einer Zollbeamtin ein Kreuzworträtsel lückenlos aus.
Nur die Studenten und Touristen reden und lachen.
Ein ockerfarbener spiralförmiger Kothaufen, der von grün und blau schillernden Fliegen umkreist wird. Verdauungsrückstände des besten Freundes, den der Mensch angeblich hat.
In ihren Kiezen ist die Stadt ganz bei sich, hier kann sie sich geben, wie sie nun einmal ist: alltäglich, banal, irgendwie gerade beschäftigt, manchmal schlecht gelaunt, manchmal mit einem frechen Grinsen im Gesicht.
Die Fleischereifachverkäuferin in einem ärmellosen Polyesterkittel, die Haut der Oberarme hängt herunter wie Teigfladen. Diese Frauen bekommen nach all den Jahren hinter der Fleischtheke selbst etwas Wurstiges. Gesicht und Hände sehen aus wie rohes Fleisch, korrespondierend zur Hautfarbe das korallenrote Papier, in das die Ware gepackt wird. Eingekittelte Körper wie Presswürste. Ihre unscheinbaren Gesichtszüge – Punkt, Punkt, Komma, Strich – sind in einen speckig glänzenden Fleischbrei eingesunken.
Bergmannstraße, Simon-Dach-Straße, Oranienburger Straße:

Je beliebter eine Straße ist, desto öder wird das Angebot. Irgendwann ist Gastronomie das Hauptgeschäft, weil die wechselnde Laufkundschaft keine Autos oder Waschmaschinen kaufen will. Dann sitzen Touristen Touristen gegenüber und denken, hier wäre die ‚Szene'.

Tüten-Paula, die früher inmitten ihrer Plastiktüten und Müllsäcke auf dem Ku'damm gesessen und die Leute angepöbelt hatte.

Eine meterlange Junkie-Spur eingetrockneter Blutstropfen zieht sich am Rand der Treppe entlang, die zur U-Bahnstation hinabführt.

Das ‚Petrocelli' in der Motzstraße war in den neunziger Jahren das einzige Restaurant auf der Welt mit drei verschiedenen Toiletten: ‚Uomini', ‚Donne', ‚Misti'. Letztere war für den transsexuellen Kellner gedacht, durfte aber auch ausnahmsweise von Behinderten genutzt werden.

Der melancholische Singsang des verschwundenen ostpreußischen Dialekts eines Hausbewohners. „Näi, näi, ich wäiß nich, de Leite sind so komisch jewordn. Komm ich am friehen Morjen ausm Keller, sieht mich de alte Schmittchen und hat se jebrillt. Jebrillt hattse, dabei hab ich se nüscht jetan." Das gerollte R, der Tonfall vergeblicher Mahnung und Wehmut, der im Ostpreußischen mitschwingt. „Un de villen junge Leite. Immer nur ihr Tanzvergniejen im Koppe und jläich datt jroße Jeld machen wollen. Ohne Arbäit. Von morjens frieh bis obends ham wir missen arbejten. Mir hatten ja nüschte, als der Russe kam. Jeden Tach Kartoffeln ham wir jejessen. Nu, so is alles jekommen. So is es jewesen." Aus seiner Wohnung riecht es nach gekochtem Gemüse und körperlichen Ausdünstungen, so als sei die ganze vorhandene Luft schon mehrfach von tuberkulösen Greisen ein- und ausgeatmet worden.

MyFest in Kreuzberg. Tofuwürste und Unterschriftensammlungen. Erster Mai. Gutmenschenkirmes mit eingebauter Weltverbesserung („der Erlös geht an die feministische Antifa-Kita Bad Oldesloe"). Und anschließend gibt es den unvermeidlichen Demonstrationszug, hennarotgefärbte deut-

sche Gründlichkeit, Marschordnung und bei Bedarf auch Schlachtordnung, wenn es zum Kampf gegen die Knüppelgarde des Polizeipräsidenten geht.
Berlin steht nicht kurz vor dem totalen Chaos, wie es die Medien gerne berichten, sondern kurz vor der totalen Ordnung.
Eisenwarenladen C. Adolph am Savignyplatz: Das ganze Geschäft scheint nur aus großen dunklen Holzschubladen zu bestehen, in denen sich tausend geheimnisvolle Dinge verbergen. Man wartet am Verkaufstresen und gibt beim Verkäufer seine Bestellung auf, wenn man schließlich an der Reihe ist. Der Verkäufer kennt sich in dem Labyrinth mit der größten Selbstverständlichkeit aus, stellt für Laienohren völlig unverständliche Detailfragen, zieht ein Apothekerschublädchen auf und legt umgehend das gewünschte Ding auf den Tresen. Hier konnte man früher noch einzelne Schrauben und abgezählte Nägel kaufen.
Berlin-Mitte: Menschen, die es eilig haben, Menschen mit bedeutenden Berufen, klaren Meinungen und unerschütterlichen Einstellungen zu allen wesentlichen Fragen. Dazwischen schlendern Touristen, lächelnd und staunend wie Kinder.
Nachts ist die Stadt aus Licht, sie wird durchsichtig. Alles ist vergessen, keine Narben mehr zu sehen. Das Licht löscht alles Vergangene aus. Die Preußen, die Nazis, die Mauer. Fahrräder werfen ihre kleinen Lichtflecken auf die Straße, Autos gleiten mit ihren fetten Doppelaugen wie U-Boote über den Asphalt.
Die berühmte Berliner Luft. Sie riecht nach Autoabgasen, die einen Metallgeschmack im Mund hinterlassen, nach dem Bratfett der Imbissbuden, nach billigem Parfüm. Im Sommer riecht die warme feuchte Luft außerdem nach Urin, Hundekot und Verfall. Nach einem Regenschauer ist es besonders schlimm. Man ist froh über eine frische Brise, die den Gestank der Stadt vertreibt. Vom Blumenladen bis zum Müllwagen strömt alles einen eigenen Geruch aus, am Wannsee riecht es nach Kiefern und im Görlitzer Park nach

Haschisch. Früher hat Berlin im Winter nach Kohle gerochen.
Jeder Passant schwimmt in einer kleinen Wolke seiner alltäglichen Gerüche vorüber. Ein älterer Herr riecht nach Zigarren, ein Mann Anfang dreißig dünstet sein Deodorant aus, die Kinder duften süß wie Bonbons. In den Kneipen eine säuerlich-muffige Mischung aus Zigarettenqualm, Mundgeruch, abgestandenem Bier und undefinierbaren Gewürzen.
Schwarz gekleidete Rentnerinnen, die an heißen Sommertagen mit ihren Einkäufen keuchend in irgendeinem Hauseingang stehen. Alkoholiker auf Parkbänken, umgeben von leeren Bierdosen und anderem Unrat. Alte und junge Menschen mit Kinderwagen. Gruppen von umherstreifenden Jugendlichen, eine Mischung aus Virilität und Irrsinn, die sich jederzeit und überall plötzlich wie ein Gewitter entladen kann. Die notorischen Jogger, die albernen Walker und die rastlosen Skater. Menschen, die von ihrem Fensterbrett aus die Welt beobachten.
Im Winter verkriecht sich alles Leben hinter die Steine. Aber unsichtbar hinter den leblosen Fassaden pocht das Blut durch Venen und Arterien. Fleisch und Knochen, Schmerz und Wahnsinn, Liebe und Hass, Gier und Mitleid, Stumpfsinn und Apathie.
Spaziergänge am Morgen, wenn die Stadt erwacht und überall geschäftige ernste Menschen unterwegs sind. Läden und Cafés werden aufgeschlossen, Lastwagen entladen, kurze Gespräche geführt.
Ich sitze im Doppeldeckerbus oben in der ersten Reihe und betrachte die Stadt. Linie 100. Neben mir hat ein älteres Ehepaar aus Toledo Platz genommen, auf dem Schoß der Frau liegt ein Reiseführer.
Eine große Stadt hat mehr als eine Eigenschaft, sie ist nicht einfach nur hässlich oder nur schön, nur laut oder nur lebendig. Eine große Stadt hat alle Farben und alle Formen, sie lacht und weint zugleich, ohne Zeit für Erklärungen oder Entschuldigungen. Der Berliner Südwesten, auf charmante

Weise überaltert. Hier kommen drei Beerdigungsinstitute und fünf Apotheken auf einen Spielzeugladen.

Es kreischt, es jault, unten rubinrot, oben sandgelb, die Scheiben dank der mühevollen Kleinarbeit vieler Jugendlicher blind gekratzt, und dann steht sie vor dir: die Berliner S-Bahn.

Parkett in den alten Treppenhäusern, dunkelrote Kokosfaser, gedrechselte Geländerpfosten.

Schöne Friedhöfe, hässliche Neubauten. Die Zeit der Ruinen, der Kriegskrüppel und Witwen ist vergessen.

Im Zentrum, am Brandenburger Tor oder am Potsdamer Platz, trifft man schon längst keine echten Berliner mehr. Die Eingeborenen haben sich tief in den Dschungel zurückgezogen.

Das normale Berlin kommt in keinem Reiseführer vor. Die bis auf halber Höhe mit Holz getäfelten und mit historischen Drucken geschmückten Wände eines Gasthauses. Der Mann mit dem Seehundschnauzbart und Halbglatze, der Eisbein mit Erbspüree isst und dazu seine Molle trinkt.

Berlin macht es einem anfangs nicht leicht, vor allem im trüben Winter nicht. Hier wird niemand mit offenen Armen empfangen, die Stadt ist Neuankömmlingen gegenüber schon immer gleichgültig gewesen. An die Geschäftigkeit, Spottlust und eilige Oberflächlichkeit muss man sich erst gewöhnen. Es dauert lange, bis man die dicke Haut Berlins durchstoßen hat und zum Kern, ›ans Einjemachte‹ sozusagen, vordringt, zur proletarischen Behaglichkeit und zur tiefen Lebenslust der Menschen, zu ihrem derben Humor und ihrer zähen Beharrlichkeit. Die Nestwärme, die an Rhein und Donau womöglich in größerem Maße vorhanden ist, stellt sich hier oft erst nach vielen Jahren ein. Wenn man sich aber in Berlin eingelebt hat, wenn man sich die Elefantenhaut der Metropole zu eigen gemacht hat und sich in ihr wohlfühlt, will man die Stadt nie wieder verlassen...

Ode an die Spree

Horst Jahn

Du bist weder Euphrat noch Tigris
und auch nicht der Nil
mehr Schwester dunkelnder Erlen
und Geliebte der Sumpfdotterblume
Doch auch du bist im Paradies geboren
und deine Wasser fallen vom Himmel

Sie haben dich lange als Dienstmagd behandelt
nun ehren sie dich wieder
legen dir kostbare Kleider an
und verbeugen sich vor dir

An deinen Ufern sehe ich
die Prozessionen fremder Völker
sehe Sonnenanbeter
auf Liegestühlen
auf den Ghats glimmen die Feuer
der Zigaretten
und in deine Mitte
da drängeln sich die Barken

Auf deiner Insel
die du so ungleich umarmst
es ist nicht Philae
bauen sie Tempel auf
für Echnaton und Nofretete
und für Horus eine Nische
Doch Isis
ist fern

Du gleitest an allem gelassen vorbei
an den steilen Mauern der Macht
den Pylonen des Geldes
den Spiegelgräbern der Fenster

Obwohl deine Ränder gesteinigt und gebändigt
wie wohlig du dich wälzt
durch Moabiter Häusermeere
in so ekstatisch weiten Bögen

Ich darf in deiner Nähe wohnen
In meinen Nächten
da liege ich mit dir im gleichen Bette
und spüre deine Schlangenkraft
in den Ufern
meines Leibes

Schulweg durch den Prenzlauer Berg

Sassia Fanny Held

Berlin am Morgen riecht taufrisch
vermengt mit leichtem Abgasschimmer,
klingt verschlafen wie keine andere Stadt.
Nur ab und zu ein jauchzendes Kind
an der Hand der verschlafenen Mutter
mit der viel zu kleinen Rennautomappe auf dem Rücken.

Berlin am Morgen scheint dunkel,
weil die Stadt erst mittags richtig erwacht.
Nur die Bahnen verstopft, mit Schülern im Halbschlaf,
die durch die trüben zerkratzten Scheiben
Mädchen, rauchend, auf Damenfahrrädern beobachten.

Hier und Da ein Junkie
oder ein Penner auf dem staubigen Asphalt
und wenn die Sonne durch die Wolken bricht,
erstrahlt über den Dächern der Fernsehturm.

Stadtwarm
Heidrun Immendorf

Die Stadt hat Jetzt ein rothaariges, pochendes Herz Im Hochdruckgebiet. Von Sonne und Mond bringen Goldkehlchen Ziegelsteine aus Juwelen ans Licht später ziehen Drei Froschkönige Vom Rand der Welt ins Luftschloss Blauer Balkon mit Gänsehaut aus Sahne Früher war mehr Strand im Kiez

Mikrokosmos Straße

Ilona Beier

-Für Horst-

Auf der Straße, eine strahlend kalte Sonne durchschneidet den Februar Tag, erwischt mich zwischen den Schulterblättern, schiebt mich in den Morgen.
Radelnd.
Wind verbeißt sich im Gesicht, zaubert Stecknadelprickeln in die Fingerkuppen, Starre.
Klimaerwärmung? Ich deute: Rückkehr zur Eiszeit, ihre Ausläufer, brachial!
Sie haben das Parkett der Wall Street knirschend erreicht, die Tower Londoner Hochfinanz flächendeckend vereist, in denen gesteuerte Roboter Blasen bauen und um den Globus schicken, giftige Blasen. Nur ihre Exkremente im marmordesignten Bathroom erinnern an irdischen Ursprung.
Und ganz allmählich werden transatlantische Monster geboren, eine Existenzen fressende Brut. Ungezügelte globale Erschütterungen, wohin man sieht.
Alles gewollt!
Unter der Wirtschaftskrise schleichen Banker augenberingt, kaufen für fünf Dollar einen Snack, Steaks sind out. Taumelnde Kurse bugsieren Geldmengen in freiem Fall, erstickende Broker hocken traumatisiert am Frühstückstisch - drüben überm Teich Europäische Irritation abends auf der Couch. 2oUhr „Guten Abend meine Damen und Herren hier ist die Tagesschau".

Im Vorüberfahren sehe ich den Krieg der Krokusse in beinharter Erde, eine erste Farbenexplosion. Mir der Radlerin zum Gruße.

„Was koche ich heute, Bouletten"? „Hallo Herr Schuhmann!" mein Gruß fliegt nach rechts in das bluthochdruckgerötete Gesicht meines Nachbarn am Fenster gegenüber.
Vor zehn Jahren war er noch unser Kontaktbereichsbeamter, ein Polizist, der in Mülltonnen stöberte, um Beweislagen zu sichern, beim geringsten Verstoß gegen was auch immer. Und aufregen konnte er sich. Gebannt und leicht angeekelt musste man mit ansehen, wie sich weiße Schaumkrönchen aus Spucke in seinen Mundwinkeln kräuselten, während er sich in Rage redete. Nun ist er still, seine Frau tot.
Meine Kehle lechzt nach heißem Tee, vorzugsweise grüner Tee mit Jasmin Blüten.

In windgeschützter Ecke eine Horde pubertierender Jugendlicher. Ihre Kleidung ausschließlich dem Trend unterworfen, und keineswegs kältetauglich.
Am wärmenden Zigarettenstummel hängend, den schlüpfrigen Geschichten der letzten Nacht lauschend, lungern sie rum. Cool sein! Um jeden Preis, das ist ihr Credo in ihrer Welt auf Zeit.
Testosteron beflügelt die Phantasie, grölendes Gelächter mit unflätigen Sprüchen gemixt schwappt in kalter Luft. Der Blick auf meine Armbanduhr, Schulzeit! Die läuft nebenher, abhängen wird unterschrieben nachgereicht. Eltern? Wahrscheinlich Getrennte!
„Man gibt niemals auf" der Standardsatz meiner Erziehung vollführt Turnübungen in meinem Kopf, ich hab ihn nie hinterfragt. Einer von ihnen wirft eine Kippe in meinen Einkaufskorb, während ich mein Rad anschließe, erinnere ich ihn an seine Mutter?
Ich platziere das handwarme Mundstück auf meinem Handrücken, spanne Zeigefinger und Daumen zum Halbrund, verweile zielend und schnipse es in die gaffende Runde.
Gelassen werfe ich eine Tüte Gummibären hinterher, lächle

breit, eine Reaktion abwartend, es kommt keine. Die Gruppe ist verstummt, Sprachlosigkeit. Ich glaube einen Hauch von Scham auf ihren Gesichtern zu erwischen, dünnflüssig wie Robinienhonig auf Weißbrot. Meine Kinder, denke ich zurück, pubertierten im Sportverein….

„Ich mache Frikassee, ja, die Poularde ist heute im Angebot, das Plakat im Schaufenster, verlockend, das passt"!

Dickbäuchige Pensionäre, ihr Rasierwasser im Schlepptau, tummeln sich im Reisebüro auf der anderen Straßenseite. Wenn nicht dort, dann beim Doktor, denke ich. Mit Feodora ködern sie Arzthelferinnen, kaufen sich ihr Lächeln übers Jahr. Selbstgefälligkeit glänzt in ihren Gesichtern und tröpfelnder Rotz aus ihren Nasen kullert auf dick gefüllte Geldbörsen. Sie lassen Dienstleister und Angestellte tänzeln, buckeln. An das eigene Türklinkenputzen erinnert sich niemand mehr, als wär es nie gewesen.
Früher war alles besser!

Rollatoren bahnen sich ihren Weg, Entgegenkommende schlagen Haken. Wer ist der Nächste?
Schaudern vibriert unter der Jacke wie beim Blick ins Grab des Freundes. Besitzer dieser Vehikel sind sich der Achtung ihres Umfeldes gewiss, tragen sie heim in ihre Fernsehsessel wo der Donner der Stille regiert. Zu Hause ist da, wo man die Kohlroulade vom fliegenden Mittagstisch Punkt 12 auf der Fußmatte abgelegt vorfindet, sodass lichte Haarkränze über gebeugten Rücken nach der täglichen Runde zum Briefkasten pünktlich speisen können, eine willkommene Beschäftigung vorm Mittagsschläfchen. Im ungelüfteten Treppenhaus wabert Maggi-Sud, eine miefige Präsenz, die an Schullandheimaufenthalte erinnert, fürs Jägerschnitzel mit Pilzdekoration dunkel gefärbt.

Grauhaarige Kapitäne in mobilen Stühlen rasen an mir vorbei, wollen gesehen werden, dabei sein, Servolenkung er-

wünscht. Sie steuern ihre Osteoporose zum Seniorentreff, zu blondem Kaffee und Streuselschnecke vom Bürgermeister.
Das amputierte Raucherbein schafft Platz unter karierter Wolldecke, Platz für den Klaren im Leinenbeutel. Er füllt die Lücke, wärmt den Bauch, kitzelt in der Brust der vertraute Seelentröster. Und heimlich eine zwischen die Zähne, ab und an, AOK genehmigte.

Kopftuchträgerinnen, die Pracht ihrer schwarzen Haare millimetergenau versteckt, schicken dunkle Augen umher. Immer noch folgen sie alten Riten. Sie geben Traditionen an ihre Töchter weiter, umwerben ihre Söhne wie Prinzen, heben sie küssend auf den wackligen Thron der Familienehre.

Hektisch, musterhaft gekleidet, eine mir entgegen kommende junge Frau. Sie zeigt Versace, trippelt in Prada, frisierte Wirrnis in halblangem Haar.
Ein Muss in der dreizehnten Etage, international agierender IT Konzern mit Sitz in Luxemburg, sechstausend Netto, ohne Quote, Intelligenz mit Schönheit gepaart machen das Rennen. Trägt manikürte Nägel American Style passend zum Kostüm und den entzündeten Hals zum Arzt. Kaschmirschal contra Frost! Das schöne Gesicht eigentümlich entrückt, mit sich beschäftigt. Soll er doch was machen der Doc, Antibiotika im Block. Der Hals muss frei sein morgen, Meeting zweisprachig, Telefonkonferenz mit Shanghai, muss schlucken können diese elenden Businesslügen, sich erogen neigen, wenn gierige Hände, Ehering links, Platinkarat um ebendiesen legen. Was soll`s, katholisch galt früher, der Beichtstuhl auch! Schwangerschaft nicht ausgeschlossen, später, wenn es passt. Mittwochs kotzt sie ihre Ängste auf die Füße des Therapeuten, meistens mittwochs. Das Mamakarzinom im Scanner noch nicht fixiert, dem Himmel sei Dank, faucht nachts unter Daunen. Das Erbe mütterlicherseits, ihr Erbe, von einer bösen Fee an ihrer Wiege abgelegt, wartet auf seinen Einsatz.

Fremde Menschen tuscheln in fremde Gesichter.
Fernöstliches Vokabular flächendeckend, an Marktständen laut, multikultureller Zirkus flattert wie Papierschnipsel durch die Luft, aus der Teestube jault eine UD.
„Ein Suppengrün bitte." Die Marktfrau nickt, ihr Lächeln schraubt sich durch eisige Luft, der Hals rutscht tiefer in den Wollschal.
Passionierte Hausfrauen, endlich etabliert, verfügen über Konten und Zeit, stehen plauschend vor der Parfumerie. Ihre alten Männer, Prostata gewindelt, bestens versorgt zu Hause im Sessel sitzend, ermöglichen jedweden Freigang. Sie beten sich gegenseitig ihre Litaneien herunter, taxieren Vorübergehende ohne Gnade, tauschen Visitenkarten ihrer Schönheitschirurgen, ereifern sich stolz über Enkelkindertaten. Röte zieht über schlaffe Wangen, in die Pracht dauergewellter Locken, Eye catch in Pink über eingefärbter Braue, permanent ist wasserresistent. Der Luxusliner ist gebucht, auf in die Karibik dieses Jahr, Champagner zum Frühstück, juchei!

Auf bespucktem Gehweg, eine ausgestreckte Hand, zittert mir entgegen. Die Faust geöffnet kniend auf Zeitungspapier. Ich bücke mich, bücke mich tief auf Augenhöhe. Silbergeld kullert, mein Unwohlsein zu lindern, auszugleichen im Tausch gegen die heiße Badewanne zu Hause.
Ratlos wühle ich im Einkaufskorb, suche, was ich nicht finde. Mein Blick stolpert über verschorften Kopf, hängt an gelblich braunen Zahnstummeln fest, Dank aus greinendem Mund. In den Augen dümpelt die Schattenseite der Sonne, Auflehnung ist hündischer Demut gewichen.
In meinem Hals pocht ein Hammer.

Plärrende Kinder im Buggy, Hustende an der Hand. Genervte Muttergesichter zucken im Austausch, darüber ihre Überforderungen schön zu reden, füttern Bonbons und

Kekse für einen Moment ergatterter Ruhe.
Mein Mann der.... genau wie meiner, es ist nicht zu ertragen!
Das Kostgeld knapp, der Gatte auf Montage. Mein Mitleid rumort in der Manteltasche.

Bewegung, Bewegung riet mir mein Arzt, nachdem er meine Koronararterie mit einem Stent schwängerte. Noch schnell die Tabletten aus der Apotheke, hätte sie fast vergessen, hab doch nie welche gebraucht. Nun haben sie auch mich gefunden, die Lobbyisten der Pharmaindustrie. Ein Konsument mehr beschert stabile Kurse an der Börse.
Ich entriegele das Fahrradschloss, Endlichkeit grinst gelangweilt auf dem Lenker. Durchgefroren radle ich um mein Leben, ein mutiger Spatz fiept in klirrender Kälte.
Blasse Sonnenstrahlen springen über kahle Äste, die Straße buckelt unter meinem Gewicht, der Vorderreifen braucht Luft. Im Korb an der Lenkstange schimmert Frühling im Tulpenstrauß, zeitungsumwickelt, mit Gift besprüht, schafft Stillleben zu Hause auf rundem Tisch.

TORwege

Jürgen Friedrich Weißleder

Die Straße hat sich frisch gewaschen
Wie schmückt sie abendhelles Licht
Ganz hinten kreischt die Straßenbahn
Der Bummler freut sich auf ein Glas.

Das Nau'ner Tor erzählt von damals
Der Straßenname ist modern
Die Linde lockt mit ihren Düften
Die Stare mit der Hausmusik.

Die Hegelallee winkt von Ferne
Entzieht dem Viertel viel Verkehr
Die helle Bürgersteig-Laterne
Wird Tanzplatz für ein Mückenheer.

O*ranienstrasse 188

Emmillie Czizikowski

Ein Geschäftspartner der sitzt in seinem Musikladen im vorübergehen erhängt sich ein Banjo zwischen Glas und gläsernen Kristall lockt der Bass stämmig schlank Akkordeon akkordiert das Dunkelbunt von draußen die Wege sind unwegsam nieder gesungen wie politische Abgründe im Hinterzimmer tanzt sich die Straße farblicher gesungen verfärbt sich Nacht zur Nacht.

Der Geschäftspartner futtert Minze hustet Aschenbecher geht nie aufs Klo bürstet Boden komponiert Angebot um Angebot rotiert auf alten Stelzen stellt nie Fragen an und für sich sei er hochgewachsen hat Ahnung verwirft sie wieder geschmeidig zwischen Schlüsseln verstecken sich abschaum Noten von außen starren Augen.

Klanggewitter der Exekutive ziehen durch sein Geschäft ein Lächeln versteckt sich in der Takelage ein besoffenes Schiff gegenüber grün vermoost die Scheiben waschen nicht von allein der Geschäftspartner nicht der Kapitän dieser jagt sich derweilen die Kopfhörer in die Ohren brummend die alten Lieder lieber lauter mit Tanznummern versteppen die Nacht im Hinterstübchen wie Glitzerfummel als Nachgeburten der alten Rocklegenden feiern die Stadt kaputt wie Cobain sein Leben begann. Der Geschäftspartner verneint auf Fragen er ist allwissend zornig als Frauen gehen schaut er nicht einmal auf wiedersehen stagniert wie Bruderschaft zwischen ihm und den Rest der ratgebenden Mischpoke negativiert gentrifiziert auch die güldenen Kopfsteinpflaster vor seinen Stufen bleiben Haufen von Scheiße lieber liegengelassen. Der Geschäftspartner probt sich auf Einrädern vergraut die Einmalundniewiederkommenden bleibt innovativ behangen von Gitarren verließt zur Buchnacht haufenweise Saiten niemals gratis mit weniger Worten aber korrekter Unbestimmtheit bleibt Er Partner des Geschäfts bläst er hier und da eine Note formlos durch schlanke Klarinetten seine einzigen Musen wenn die Boxen verschlafen und der Kapitän Heim geht zu seiner Frau zu seinen Kindern bleibt der Geschäftspartner sitzen auf seinem Dreibein das Mischpult entkleidend dabei die Scheine zählend er will fünfzig Prozent Anteilnahme lehnt er unbeweglich ab. Der Geschäftspartner er ist ein langer Mann mit Partner und Geschäft Meer hat er nicht mehr braucht er nicht.

[Untern Linden]

**untern Linden -
beim Kaffe
Touris kieken**

Gerd Börner

Da boxt der Bär...

Uta Daniel

Ein Bär erstürmt den Bundestag:
Ich all' dies nicht mehr hören mag
haut mit der Tatze auf den Tisch,
sodass im Saal das Licht erlischt.
Es gibt kaum Honig, was'n Leben,
und ihr bleibt auf den Sesseln kleben.
Die Worte euch im Mund rumdreht,
Mensch, rettet, was zu retten geht!
Der Bär – ein Macher, keine Frag' –
verlässt den dunklen Bundestag.
Zurück bleiben finstere Gestalten,
die über uns're Zukunft walten.

Uta Daniel

Multiple Choice

Sabine Wreski

Was entwickelt sich, wenn

dreihunderttausend liebestolle Partnerbörsenmitglieder
hunderttausend ausgebrannte Hundehalter
zehntausend berauschte Vermögensmillionäre
tausend alleinstehende Kampfköter
hundert vermietbare Zivilschutzbunker
fünfzig gefährliche Paternoster
zehn durchspukte Geisterbahnhöfe
zweieinhalb taugliche Flughäfen und
ein hochmodernes Fünfundzwanzig-Stunden-Hotel
aufeinander treffen?

 a) Ballungsraum
 b) Himmelssaum
 c) Stadt mit Baum
 d) ein Traum

Queen Berlin

Arvid Zaremba (Melodichte)

In deinen Adern fließt das Leben.
Du bist die Königin der Nacht.
Bin auch am Tage dir ergeben.
O Queen Berlin, du stolze Pracht.

Wir alle hier sind deine Kinder.
So manches hast du adoptiert.
Du liebst ein jedes mehr, keins minder,
Denn du bist multikultiviert.

Du hast dein Ohr, trotz hoch an Jahren,
Noch immer nah am Puls der Zeit.
Statt dich zu fügen, schätzt du's Wahren;
Den Mittelfinger griffbereit.

En masse Facetten in dir stecken
Und jede jedem was verspricht.
Auf Weg und Steg lässt du entdecken,
Allein nach Hause geh ich nicht.

Sogar die Welt könnt' man mir bieten –
In deinen Armen ruht mein Glück.
Solang bezahlbar deine Mieten,
Führt stets mein Pfad zu dir zurück.

Dein Rouge woll'n sie nun grunderneuern.
Hör bitte nicht auf das Getön.
Bleib dir bloß treu, möcht' ich beteuern,
Denn du bist so natürlich schön.

Dein Herz ist rein und grün die Lungen.
Anstelle „Bitte?" fragst du „Wat?".
Drum hab ick dir dit Lied jesungen,
O du jeliebte Muddastadt.

Berlin – Ich hab mich in Dir verloren

Ramona Ina Buggenhagen

Du Frohnatur im Sinneswandel,
zeitloser Glanz zerspringt den Raum,
laut tobend schreit der Weltenhandel,
gefühlter Großstadtlichtertraum.

Alles scheint mir echt, geborgen,
sprachlostauchend ins Glitzermeer hinein,
vergessen wirre Alltagssorgen,
freundliche Menschen, nimmer allein.

Spüre die Kraft hier, angekommen,
Zeit-Raum-Magie, in Leichtigkeit,
Angstwellen taktvoll weggenommen,
geballte Flut: Mitmenschlichkeit.

Herzensrufe werden lauter,
Multikultur am Wegesrand,
Vorurteile, wie weggezaubert,
heller erstrahlendes Freundschaftsband.

Mein Herz es ruft in mir, ich bleibe,
saug die Kultur im Neonlicht,
Spiegelnde Fassadenscheibe –
Hauptstadtimpression, die in mir bricht.

Schöneberger Südgelände

Horst Jahn

So schmal
ein grüner Faden nur
auf beiden Seiten bedrängt
von der Wüste der Stadt
Und doch
ein Sieg der Amsel
über das Rattern der Züge

Und
Birken - Birken - Birken
Kommt in mein Schotterbeet
überwölbt meine rostenden Gleise
kühlt sie mit eurem Blätterschatten

Wissende Hände
bauten einen Steg für meinen Weg
dass ich Dich nicht verletze
Mutter Erde
verzeih
dass ich meine Füße auf Dich setze

Tempelhofer Freiheiten oder Landebahn_blick

Wolfgang Endler

Abendsonne gleitet über Wolkengletscher
andalusische Gitarrenklänge
Orangenträume wolkengespiegelt
Pappeln und Minarette im Schattenriss
nur wenige Wimpernschläge
bis zum Abendstern

Berliner Bahndamm
Willie Benzen

Ein Vorstadtidyll am Bahndamm
mitten in der Stadt
alle zehn bis zwanzig Minuten
fällt Schlacke auf den Kaffeetisch

HohenzollernDAMM

Franziska von Schleyen

Nichts ist mehr wie es war...
Kein Kräutergarten, keine Lilien, kein Helleborus.
Keine hohen Bäume, die mich beschützen und inspirieren.
Unter deren Blätterdach ich mich in ferne Länder träumen kann.
Die Villa am BahnDAMM, in ländlicher Idylle.

Im Tausch gegen epochalen Jugendstil.
Drei Quadratmeter Balkon geizen mit Grün.
In der 3. Etage – Sommerhitze zum Erbrechen.
Linden fressen Feinstaub, dämmen den Schall.
Zaghaft meldet sich ein Spatz.
Das Gotteshaus gegenüber atmet Frieden aus, mit aller Macht.
Heimweh zerreißt meine Brust.
4.480 Meter HohenzollernDAMM, in Berlin.

Keine Falken am Himmel, die meine Sehnsucht davon tragen.
Stattdessen, staubiger Asphalt.
Blechkarawanen auf der Route Preußischer Könige und deutscher Kaiser.
Sanft küsst mich die Sonne warm durchs Fenster.
Langsam erwärmt sich mein Herz.
Neue Lust zu Leben – HohenzollernDAMM.

Ich werde bleiben

Sabine Kiel

Ich fahre im Kreis. Einmal im Kreis durch Raum und Zeit. Allein unter Vielen. Kommen und gehen, ich sehe sie alle, aber ich will sie nicht sehen. Ich sehe lieber aus dem Fenster.

Im Osten kreuzt sich was. Bagger und Laster. Ein Haus ist verlassen und riesig groß, der Bagger hängt in der Ecke herum und im schönen neuen Einkaufszentrum gibt es Glückliches für unglückliche Menschen. Wer soll nur so viel kaufen? Die Frau mit den High-Heels und den 5 Einkaufstüten vielleicht?

Alles bewegt sich, niemals steht etwas still. Ich bewege mich nicht. Ich sitze hier auf der Bank und schaue hinaus. Mit Graffiti verschönerte Container: „Brad Downey Half Man Half. Lisa RD." Welche geheime Botschaft verbirgt sich dahinter?

Die Tauben sind Akrobaten, brüten zwischen dünnen Metallstacheln. Menschen steigen aus, Menschen steigen ein. Niemals werde ich sie alle kennenlernen. Ich kann mich verstecken in der Anonymität der Großstadt oder nicht, ganz wie ich möchte.

Wir halten mitten in Prenzlauer Berg, Heimat der Zugezogenen, Kinderwagen und Kneipen. Die Mütter vom Kollwitzplatz schieben ihre Kinderwagen in die Bahn und sie fährt einfach weiter, so als wäre alles normal. Über eine Grenze, die nichts mehr begrenzt. Zum Glück ist nichts von Dauer auf diesem Planeten. Mein halbes Leben, weniger als ein Wimpernschlag in der Weltgeschichte. Mauer da, Mauer weg. Berlin vervollständigt mit seiner zweiten Hälfte, so als wären sie nie getrennt gewesen. Eingebettet in ein weites Land. Die

Stadt kann raus, wachsen, größer werden. Wie die Babys aus den Kinderwagen.

Meine alte Heimat, West-Berlin. Ein Zimmer, Küche, Toilette, Ofenheizung am Gesundbrunnen in einer heilen Welt, einer Stadt umgeben von einer Mauer. „Living in a box" und doch war alles so schön bunt hier. „Kebab-Träume in der Mauerstadt."

Wir konservieren unsere Erinnerungen in den Berliner Unterwelten, wollen ihn nicht vergessen, den kalten Krieg. Bunker unten und Bunker oben, Humboldthain, überwachsen von grün. Jetzt Touristenattraktion, gruseln für Anfänger und Fortgeschrittene. Was hier mal los war? Ich will es gar nicht wissen.

Die kleine Panke, grüne Oase, fest eingebettet zwischen Häusern wo einst Wiesen und Wälder waren. Stille Erholung in einer lauten Stadt mitten im Wedding. Wer zum Flughafen Tegel will muss jetzt umsteigen. Up, up and away. Weg von hier, wo doch so viele her wollen? Wer will das schon? Vielleicht der Bettler im Rollstuhl, der jetzt einsteigt. Ein trauriger Fall, aber keiner trauert. Geh weg, denken sie, du stinkst. Am besten zum Flughafen und raus für immer.

Die eingezwängte Spree muss mit einem Betonbett vorlieb nehmen. So hart wie die Einöde des Industriegebietes, durch das sie fließt. Westhafen und Beusselstraße. Die Bahn leert sich, hier will keiner hin, aber viele kommen an.

Kurze Zeit später taucht ein gestrandeter Wal im Fenster auf. Er wartet auf seine Wiederverwertung. Wenigstens ist er nicht mehr ganz alleine, aufgestiegen zur Behelfsunterkunft für Menschen vertrieben aus ihrer Heimat durch Krieg, Not und Hunger. Gestrandet wie der Wal.

Am Westkreuz lockt der Weg aus der Stadt. „Pack die Badehose ein, nimm dein kleines Schwesterlein und dann nichts wie raus nach Wannsee." Zum Segeln aufs Wasser oder in die Traumfabrik nach Babelsberg. Aber ich bleibe und fahre weiter im Kreis, Charlottenburg-Wilmersdorf. Vor dem Fenster schlängelt sich eine endlose Blechlawine über den Stadtring, dahinter Häuser und immer wieder Autos und Häuser. Wer hält das nur aus, da zu wohnen? Ich nicht.

Vor dem Gasometer ist ein Gewerbe-Loft zu vermieten. Ich ruf mal an. „Welches Gewerbe wollen sie denn betreiben?" „Ich weiß nicht, ich überlege noch." „Na dann rufen Sie wieder an, wenn sie's wissen." Irgendwie rufen alle immer irgendwen irgendwo an. „Hallo, ich bin jetzt in der Bahn, Tempelhof." Ach was, hätte ich sonst gar nicht gemerkt.

Am alten Flughafen fliegt nichts mehr. Hier kommt keiner mehr weg und keiner mehr an, nur die Gestrandeten. Sie wohnen dort, wo einst die Flugzeuge lebten, nur nicht so komfortabel.

Auf der Landebahn sind sie gelandet, die großen Kinder. Skater, Drachenflieger, ein riesiger Spielplatz für jung und alt. Generationen und Kulturen friedlich vereint auf dieser einmaligen Wiese. Theater und Grillfest, Modellflugzeuge und Radfahrer, Hundeauslauf und Urban Gardening. Jedem seine eigenen Tomaten, auch mal geklaut von jemandem, der weniger hat als die urbanen Gärtner. Aber die können dann ja in den Biosupermarkt um die Ecke gehen.

An der Hermannstraße in Kreuzberg steigt es ein und aus, das bunte Treiben aller Kulturen. Menschen mit und ohne Zukunft leben nebeneinander, aber haben wir nicht alle irgendeine Zukunft? Die Touristen zücken die Fotoapparate. Sie glauben, sie sind in Disneyland, nur dass hier keiner für seinen Auftritt bezahlt wird. Je nach Betrachter ist alles so natürlich, so echt oder so bedauernswert realitätsnah.

Neukölln: „Passangers travelling to Schönefeld-Airport please change here." Noch eine Fluchtmöglichkeit für alle, die diesen

Ort nicht für ihre Flucht halten. Wer hier ist will weg und wer nicht hier ist möchte her. Ich werde bleiben, für mein ganzes Leben. Schon weil ich mich hier immer im Kreis drehen kann oder nackt auf der Straße laufen oder glücklich oder unglücklich sein.

An der Sonnenallee ist die Welt so verändert. Von „hier Übergang nur für Fußgänger" auf der einen und undurchlässiger Wand auf der anderen Seite zum Kultfilm. Eine Reise ohne Grenzen, offen für alle ohne Ausweiskontrolle und Passierschein, dafür mit Megastau auf der Straße. Die grenzenlose Freiheit in der grenzenlosen Blechlawine durch die ganze Stadt immer im Kreis.

Die Industrie im Industriegebiet hat noch Potential, aber die Oase am Treptower Park ist so schön grün. Oase mit Dampferanlegestelle. Raus hier, aus der Bahn und rauf auf ein Schiff, rein in den nächsten Kreis.

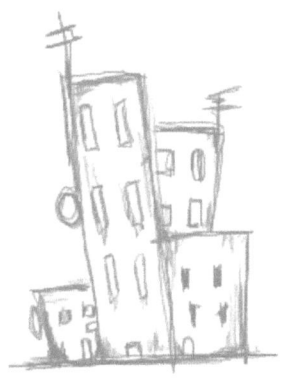

Heinersdorfer Brücke
Magnus Tautz

Ja, ich meine diesen Ort,
von dem ich, ich weiß nicht
wie oft sprach, an dem
in zögerlichem Licht

ich die Vögel sah,
den Block umkreisend,
Beute machend zwischen
Schienenstrang und

Bahnsteigkante,
jenen Wind ablauschte,
der die Harfe strich
aus längst verschollenen

Gleisen, wo sich
der Stahl aufschwingt
zu ungelenkem Winken
und Hallo mit Plastikbechern,

Plastikgabeln,
mit papiernen Fähnchen,
die Verbindlichkeiten
zu erproben, zu loben

den viel zu frühen Frühling,
an eben diesem Morgen,
hinter angeschlagenen
Scheiben, auf dieser Brücke,

die von wo aus und wohin
auch immer, zwischen
Himmel und Erde
wie begraben,

ja, ich meine diesen Ort
aus Taubenkot und Krähen,
an dem die Zugluft
in mir wartend ein paar Silben

formt und Sätze, die Augen
schließt und Türen Richtung
Norden und deine Ankunft
jetzt in diese Zeilen ein.

Randbereiche

K. Bruell

Was ist mir diese Stadt?
Nur Hektik, Lärm und Menschenmassen?
Was ist ihr wahrer Puls,
kann man ihn denn erfassen?

Ich halt mich eher an die Ränder,
an Lücken, abgeschieden.
An Gärten, wo die Pflanzen wildern,
mit einem Hauch von Süden.
Und auch an Räume, voll von Bildern,
in alten Galerien.
Dort kann man schauen und sich finden
in fremden Fantasien.
(Und dann vielleicht noch unter Linden
spätabends Kreise ziehn...)

[Wannseeflimmern]

Wannseeflimmern
ein Sportboot fährt
durch die Blasmusik

Heinz Schneemann

Auf der Brücke
Kathan Nerin

Gelb-violett leuchtet das Ufer zwischen saftigem Grün.
Über glitzernde Wogen gleitet ein Reiher.
In der Ferne – das alte Riesenrad.
Quietschende Räder auf S-Bahn-Gleisen.
Vergnügt werfen Kinder Steine ins Nass.
Wärmende Strahlen im Azur.
Ich atme die Schönheit des Augenblicks.

Berliner Herbstgespräch 1961

Hannelore Furch

Hin war der Sommer im Preußenland,
Sonne zog klagend am Wolkenrand,
schwächlich entließ sie ihr Strahlenband.
„Sommertags", sprach sie, „war diese Welt
golden verzaubert und gut bestellt
nur durch mich."

„Sommertags", sprach ich, „traf weit und breit
mitten hinein in die Herrlichkeit
teuflisch vertreten die Höllenzeit,
sommertags war uns´re Zauberwelt
nur eine Täuschung am Himmelszelt
auch für dich."

Berlin - Gedankenfetzen

Michael Pilath

hohler Zahn
schwangere Auster
Steine contra Panzer im Juni
Mauer gegen Verständigung
nie vergessene Insel
geteilt getrennt geschlossen
hinzu gewonnen im November
neue alte Welt unter dem Alex
Berliner Schnauze im Kiez
türkisch deutsch arabisch in Marzahn
Taxifahrer mit preußischem Charme
imperiales Ambiente
verbunden mit Moderne
Zille'sches Milieu
neben Weltstadtambiente
Berlin immer anders
jeden Tag jede Minute
immer gleich anders
drum mag ich dich
denn ick bin keen Baliena wa

Gelebte

Sabine Wreski

auf kratzern ruhst du dich nicht aus
gibst dich entschieden käuflich
du geizt mit küssen
ritzt dich schnell
du willst dich spüren – jetzt

und wagst die harte gangart heute
in jede himmelsrichtung
reist ungehindert ein und aus
vergessen scheint des todes hauch
der niemandsländer streifte

völkern der welt zeigst du gesicht
als wär´ nie was gewesen
du schiebst kulissen
sprichst beiseite
dein drama – legendär
kein letzter vorhang fällt in dir
erzählst dich einfach weiter

Ein kostbarer Schatz

Regina Berger

immer noch habe ich sie nicht satt
diese ganz besondere Stadt
in der Musik nach Eiscreme schmeckt
die Nacht den Tag vom Finger schleckt
die Havel Träume endlos schaukelt
das Kanzleramt nur Hoffnung gaukelt
im Rinnstein Löwenzahn nicht beißt
der Engel Richtung Sehnsucht weist
blüht ewig am Alexanderplatz
dein Lächeln wie ein kostbarer Schatz

Über das Projekt

SternenBlick ist ein Projekt, das Mitte 2013 von Poesiebegeisterten initiiert wurde. Ziel ist es zeitgenössische Poesie zu fördern, unter anderem durch sorgfältig erstellte Bücher — sowohl inhaltlich, als auch optisch. Daneben ist der Ansatz der Gemeinnützigkeit eine zentrale Position von SternenBlick. Sämtliche Erlöse, auch von diesem Band, fließen daher einer Organisation zu, die die Spenden ihrerseits an bedürftige Kinder verteilt.

Alle Veröffentlichungen, aktuelle Ausschreibungen und der Spendenstatus sind der Homepage zu entnehmen:

Näher am poetischen Herzen
www.sternenblick.org

Über die Herausgeber

Stephanie Mattner

Die Wahlberlinerin studierte Neuere deutsche Philologie mit Schwerpunkt auf Editionswissenschaft. Derzeit arbeitet sie in einem etablierten Verlag.
„SternenBlick" ist ihr Herzensprojekt, das ihre Leidenschaft für Dichtkunst mit Buchgestaltung vereint.

Jennifer Hilgert

Die verheiratete Pädagogin arbeitet und lebt seit 2014 in San Francisco als freiberufliche Schriftstellerin und Dichterin. Sie betreut einen Blog, den sie liebevoll ihren „virtuellen Schreibtisch" nennt, ist Mitarbeiterin im SternenBlick Projekt und Mitglied im Verein der Autorengruppe RheinMain Szene. Daneben arbeitet sie auch an verschiedenen Kinder- und Jugendbuchprojekten.

Inhaltsverzeichnis

Jennifer Hilgert - Kein Vorwort 6
Diana Parsons - Liebesgedicht an Berlin 7

Kapitel 1 - Nacht - Schatten - Neonlicht 10

K. Zeyt - Ein Abschiedsbrief 13
Sassia Fanny Held - RIP Kater Holzig 16
Christian Stielow - Nachtfalter 17
Oliver Bauer - genug 18
Aristide Tervaban - Rückkehr aus Arkadien 19
Gilbert von Luck - Nach der letzten Nacht im K 17 21
Jan Russezki - Leise sein 22
Emmillie Czizikowski - Aus der Bunten 23
Eli A. Solaris - S:t a d t p u l s 25
Nadine Bouton - Die verlorenen Farben........................ 26
Robin Uphoff - Berliner Sonett der Liebe 31
Marina Büttner - Nichts als Bewegung 32
J.-P. Olbrichtsen - Die Stadt - Millionenfaches Licht 33
Andreas von Radetzky - Schwarz'ne Sterne 34
Nepomuk Ullmann - Stadt ohne Wunder 38
Bettine Reichelt - Am Gendarmenmarkt 39
Petra Klingl - Großstadt 40
Vivien Ruthardt - Felidentraum 41
Freya Schreiber - Stadtmaske 42
Roland Schmid-Paleski - Keiner hört Vögel singen 43
Lisa Starogardzki - Autobahngeflüster 44
Stephanie Mattner - Damit muss ich Leben 45
Heike Puls - Stadtgeflüster 46
David Damm - Erwachen einer Stadt 47

Kapitel 2 - Stadtmenschen - Platzhirsche - Swinger 48

Eileen Mätzold - Gemachtes, erbautes Berliner Gesicht 51
Oliver Bauer - Eine Randerscheinung 52
Projekt wort:rausch - Als wär etwas möglich 53
Ben Kretlow - Foto '89 54
Harald Kappel - U Acht Gisela 55
Robert Klages - Zwei vom Dorf 56
Corinna Gerhards - Meins 59
Eva Gruber - Sehnsuchtsfäden 61
Romeo Bayazid - Lisbeth 62
Phil Skurril - Die Phönix Sequenz - 261 65
Stephanie Richter - Friedrichstraße 66
Karin Hutter - Fußgängerzone Wilmersdorferstraße 67
Jennifer Hilgert - Kotti 69
Wolfgang Endler - Stella del Sud 70
Mirita Sofamosa - Lolle aus Berlin 71
Lena Kelm - Acht Stück' Bienenstich 72
Natascha Remmert - U-Bahn im Herbst 75
Nadja Felscher - Rolltreppenköpfe 76
Stefanie Kieselmann - Wahlberlinerpoesie 78
Karin Hutter - Russischer Tee 80
Horst Jürgen Peter Miethe - Sie denkt nach 81
Mirita Sofamosa - Der schamanische Trance-Tanz 82

Kapitel 3 - Stadtansichten - Ansichtssachen - Epochales 90

Jost Renner - Berlin 93
Matthias Eberling - Elefantenhaut einer Metropole 94
Horst Jahn - Ode an die Spree 100
S. F. Held - Schulweg durch den Prenzlauer Berg 102
Heidrun Immendorf - Stadtwarm 103
Ilona Beier - Mikrokosmos Straße 104
Jürgen F. Weißleder - TORwege 110
Emmillie Czizikowski - O*ranienstrasse 188 111
Gerd Börner - [Untern Linden] 112
Uta Daniel - Da boxt der Bär... 114
Sabine Wreski - Multiple Choice 115
Arvid Zaremba (Melodichte) - Queen Berlin 116
R. I. Buggenhagen - Berlin – Ich hab mich 117
Horst Jahn - Schöneberger Südgelände 118
Wolfgang Endler - Tempelhofer Freiheiten 119
Willie Benzen - Berliner Bahndamm 120
Franziska von Schleyen - HohenzollernDAMM 121
Sabine Kiel - Ich werde bleiben 122
Magnus Tautz - Heinersdorfer Brücke 126
K. Bruell - Randbereiche 128
Heinz Schneemann - [Wannseeflimmern] 128
Kathan Nerin - Auf der Brücke 130
Hannelore Furch - Berliner Herbstgespräch 1961 131
Michael Pilath - Berlin-Gedankenfetzen 132
Sabine Wreski - Gelebte 133

Regina Berger - Ein kostbarer Schatz 135

Über das Projekt 136
Über die Herausgeber 137